Für Julie

Stephanie Robben-Beyer

Working Woman

Was ich zu Beginn meiner Karriere
gerne über das Leben gewusst hätte

BusinessVillage

Stephanie Robben-Beyer
Working Woman
Was ich zu Beginn meiner Karriere gerne über das Leben gewusst hätte
1. Auflage 2024
© BusinessVillage GmbH, Göttingen

Bestellnummern
ISBN 978-3-86980-765-2 (Druckausgabe)
ISBN 978-3-86980-766-9 (E-Book, PDF)
ISBN 978-3-86980-767-6 (E-Book, EPUB)

Direktbezug unter www.BusinessVillage.de, Art.-Nr. 1198

Bezugs- und Verlagsanschrift
BusinessVillage GmbH
Reinhäuser Landstraße 22
37083 Göttingen
Telefon: +49 (0)5 51 20 99-1 00
E-Mail: info@businessvillage.de
Web: www.businessvillage.de

Layout und Satz
Sabine Kempke

Illustrationen im Buch
SimpleLine, https://de.vecteezy.com

Druck und Bindung
www.booksfactory.de

Copyrightvermerk
Das Werk einschließlich aller seiner Teile ist urheberrechtlich geschützt. Jede Verwertung außerhalb der engen Grenzen des Urheberrechtsgesetzes ist ohne Zustimmung des Verlages unzulässig und strafbar.
Das gilt insbesondere für Vervielfältigung, Übersetzung, Mikroverfilmung und die Einspeicherung und Verarbeitung in elektronischen Systemen.
Alle in diesem Buch enthaltenen Angaben, Ergebnisse usw. wurden von dem Autor nach bestem Wissen erstellt. Sie erfolgen ohne jegliche Verpflichtung oder Garantie des Verlages. Er übernimmt deshalb keinerlei Verantwortung und Haftung für etwa vorhandene Unrichtigkeiten.
Die Wiedergabe von Gebrauchsnamen, Handelsnamen, Warenbezeichnungen usw. in diesem Werk berechtigt auch ohne besondere Kennzeichnung nicht zu der Annahme, dass solche Namen im Sinne der Warenzeichen- und Markenschutz-Gesetzgebung als frei zu betrachten wären und daher von jedermann benutzt werden dürfen.

INHALT

Über die Autorin 7

Vorwort 9
Das Leben besteht aus Ups und Downs 10

Entdecke, was du denkst 13
Älter werden ist ein Geschenk 14   Negative Gedanken gehören an die Leine 17   Manchmal schaue ich nach schönen Ohrläppchen 22   Jeder nach seiner Fasson 29   Wässere deine Seite des Rasens 32   Früher war mehr Lametta 35   Gruß an deinen inneren Schweinehund 39   Everybody's Darling 45   Draußen regnet es 48   Wo kommen wir denn da hin? 51   Menschliche Luftpumpen 55   Am Netz werkeln 59   Frühjahrsputz im Kopf 61   Nur die Harten kommen in den Garten 65

Entdecke, was du fühlst 71
Weil wir Mädchen sind 72   Unser Leben lang müssen wir irgendetwas loslassen 76   Memories … 82   Der innere Kompass 85   Keiner mag sie, trotzdem sind sie da 88   I Got the Blues 92   Ein bisschen Spaß muss sein 96   Wer mich ärgert, bestimme ich! 99   Meine Gefühle tanzen mit Schmetterlingen 102   Ich gebe dir meine Antwort 106

Entdecke, wie du kommunizierst 109
Weder wahr noch gut 110   Let's talk 113   Warum ich gern Plaudertasche bin 119   Gold-Nuggets am Wegesrand 122

Entdecke, was du tust 125
Hier bin ik tohuus 126   Deine Spuren im Sand 129   Stark bleiben – nicht nur als Führungskraft 132   Eine Dosis Alle-fünf-gerade-sein-lassen, bitte! 136   Ein Nein zu anderen ist immer auch ein Ja zu mir selbst 140   Best Besties 143   Mein neues Mitternacht beginnt ab sofort um neun 148   Ich gucke nur noch die heute-show 151   New Work 154   Willkommen auf der Bühne der Vorbilder 157   Kennst du Wendy und bist du auch eine? 159   You're a Supergirl 161   Ich tanze auf allen Hochzeiten 163   Ich liebe mein Smartphone 168

Geschichten aus dem Nähkästchen 171
Können Sie auch sprechen? 172   Bunte Vögel 175   Ich kleide mich am liebsten mit Humor 178   Best Buddies 182   Hand drauf! 185   Ist man zu blöd zum Schwimmen, wenn man übers Wasser laufen kann? 188   Der Weg ist das Ziel 191   Freude am Umsorgen 194

Epilog – Lerne, wer du bist und wer du sein möchtest 197

Empfehlenswerte Literatur 200

ÜBER DIE AUTORIN

Dr. Stephanie Robben-Beyer ist Executive Coach, Keynote Speakerin, Moderatorin, Model und dreifache Mutter. Die Erfahrungen ihrer vielfältigen Lebens- und Berufssituationen teilt sie in Zeitschriften, auf Social Media und – natürlich – im Business-Kontext. Sie unterstützt Führungskräfte und Unternehmen dabei, ein vielfältiges, modernes und vor allem produktives Arbeitsklima zu etablieren.

KONTAKT
E-Mail: info@dr-robben-coaching.de
Web: www.dr-robben-coaching.de

VORWORT

DAS LEBEN BESTEHT AUS UPS UND DOWNS

VIELE FRAUEN VOR DIR HABEN SIE BEREITS GEMEISTERT

Als junge Frau hätte ich so gerne jemanden an meiner Seite gewusst, der mir von seinem Leben, seinen Erfahrungen, seinen Ups und Downs, seinen Begegnungen erzählt hätte. Jemanden, der mir geschildert hätte, wie er diese oder jene Situation gewuppt hat. Jemanden, der mir zuhört, Feedback gibt und mich spiegelt. Vielleicht geht es dir ähnlich.

Ich hatte so jemanden leider nicht.

Als ich fünfzehn Jahre alt war, starb mein Vater. Als Einzelkind war ich somit von heute auf morgen mit meiner Mutter allein. Meine Kindheit endete damit gleichsam auf der Stelle. Meine Mutter und ich waren von da an mehr Freundinnen als Mutter und Tochter. Ich fand das damals sehr schön. Warum? Weil wir uns (vermeintlich) auf Augenhöhe begegneten. Heute, da ich selbst Mutter, Bonusmutter und Granny bin, denke ich, dass es tatsächlich besser gewesen wäre, wenn wir die Rollen Mutter – Tochter eingehalten hätten. Eine Fünfzehnjährige kann nicht denken, fühlen, reden und handeln wie eine Erwachsene. Insbesondere nicht nach einem solchen Schicksalsschlag. Wir wussten es beide nicht besser, doch im Nachhinein weiß ich, dass es mir damals und in den Jahren darauf besser gegangen wäre, hätte meine Mutter mehr als meine Mutter, mein Vorbild, mein Role Model, meine wahrhaftige Ratgeberin agiert. Ich bin davon überzeugt, dass sie immer ihr Bestes gegeben hat, und so bin ich inzwischen fein damit.

Ihre Aussage damals war, dass wir Freundinnen sind. Und sie hat das extrem liebevoll gemeint. Ihr Denken und Fühlen und somit Verhalten resultierten aus unserer einstigen Situation. Mit sechsundvierzig Jahren Witwe zu werden, ist ein schwer zu verkraftender Bruch im Leben. Da der Tod meines Vaters uns in der Nacht überraschte, war es ein furchtbarer Schock. Meine Mutter brauchte mich damals vielleicht sogar manches Mal mehr als ich sie. Wenn ich heute jedoch ganz ehrlich zu mir bin, fehlte mir damals ein Leuchtturm, eine Beraterin. Mir fehlte jemand, der wie eine typische Mutter gewesen wäre. Da es auch keine andere Person in meinem Umfeld gab, die diese Rolle hätte einnehmen können, musste ich flott erwachsen werden. Was ich daraus gelernt habe? Ich persönlich möchte heute bewusst ein Mutter-Tochter-Verhältnis, kein Wir-sind-Freundinnen. Ich möchte eine Beziehung, in der ich zwar auch unendlich viel von meiner Tochter lerne, ich ihr jedoch insbesondere auch meine Erfahrungen anbieten kann. Vielleicht hattest beziehungsweise hast du aus deinen persönlichen und individuellen Gründen auch kein Role Model, keinen Leuchtturm, keine Beraterin. Unter anderem darum schreibe ich dieses Buch: um dir von meinen Erfahrungen zu erzählen. Mit inzwischen sechsundfünfzig Jahren habe ich einen großen Teil meines Lebensweges beschritten. Ich hatte und habe mehrere Berufe, habe viele Menschen getroffen, viele Situationen erlebt oder auch durchlebt. Davon möchte ich dir erzählen – authentisch, beinahe immer autobiografisch. Ich möchte dich damit motivieren, inspirieren, dich in die Reflexion bringen. So, dass du am Ende sagen kannst: »Das probiere ich auch!« oder aber: »Das mache ich so ganz sicher nicht!«. Ich biete dir also an, dein Leuchtturm zu sein. Ich möchte die Dinge oder Themen benennen, wie sie sind. Nicht schönreden, jedoch immer konstruktiv betrachten. Für mich gilt mit einem Augenzwinkern der folgende Satz von Elisabeth Costello: »Ich bin eine alte Frau. Ich habe keine Zeit mehr zu sagen, was ich nicht meine.«

Lies dieses Buch gern wie eine Kinobesucherin: Lass dir vom Eismann das Angebot zeigen und wähle aus, worauf du gerade Appetit hast. Will heißen: Lass dich von den Zeilen inspirieren, die dich im Augenblick ansprechen. Ich schreibe – so empfindest du es hoffentlich auch – in einem Stil, den ich selbst Infotainment respektive Valuetainment nenne. Das bedeutet, dass ich nie den Anspruch habe, dich zu belehren, sondern ich lade dich herzlich ein, gedanklich und emotional mit meinen Geschichten mitzugehen.

Sie alle haben ein Lebensmotto – mein Lebensmotto: Habe keine Angst vor der Zukunft. Zukunft gab es immer schon!

ENTDECKE, WAS DU DENKST

ÄLTERWERDEN IST EIN GESCHENK

DIE GESCHICHTE VOM WEG DURCHS LEBEN

Ich persönlich finde es wirklich schön, sechsundfünfzig Jahre alt zu sein. Warum? Zunächst einmal aus ganz pragmatischen Gründen: Ich habe keine Alternative. Gesund älter zu werden, erfüllt mich jedoch auch mit Dankbarkeit und Demut. Zudem habe ich mir im Laufe der Jahre eine große Portion Selbstironie und Humor »erlebt«. Körper und Geist werden älter. Die Seele reift. Mit jedem Jahr denken wir anders, fühlen wir anders, kommunizieren wir anders, agieren wir anders als früher. Jede Erfahrung, jedes Up und Down, jede Begegnung, jede Situation formt eine neue Spur in uns und in unserer Seele einen neuen Weg. Das ist zweifelsfrei eine Herausforderung.

Das ist das Leben!

Und weil wir diese Wege gegangen sind, werden wir gelassener und manchmal auch ausgelassener. Manches, was mir früher peinlich erschien, macht mir heute Freude: im Kindergarten ins Bällebad hüpfen, in der Riesenhängematte in der Schule abhängen, im Trampolinpark hüpfen, barfuß im Regen laufen und/oder tanzen, bunte Kleidung tragen, an der Miss-Germany-50plus-Wahl teilnehmen. Als junge Frau wäre das für mich undenkbar gewesen. Heute ist es gelebte Realität.

MEINE ERKENNTNISSE FÜRS LEBEN
»Die Schönheit des Körpers ist ein Reisender, der vorübergeht, während die Schönheit der Seele ein Freund ist, der bleibt.« (N. N.)

Älter werden ist (trotzdem) ein Geschenk. Reifen dürfen ist ein Geschenk. Bitte beobachte dich in deiner Veränderung, deiner Entwicklung. Nimm dein Älterwerden als wunderbare, großartige Reise wahr. Glaube mir: Falten sind Lachlinien. Narben sind Lebenslinien. Brillen sind Schau-genau-hin-Unterstützer. Das Krachen und Knirschen der Gelenke ist Lebensmusik respektive die Symphonie gelebter Jahre. Spätestens jetzt denkst du bestimmt: »Lebt diese Robben-Beyer im Barbie-Land, oder was?« Sei dir gewiss: Tue ich nicht! Ich habe meine Füße fest am Boden. Allerdings strecke ich manchmal meinen Kopf durch die Wolken. Vielleicht denkst du aber auch: »Ganz schön besserwisserisch, altklug, altbacken, von oben herab, diese Frau.« Sei gewiss: Bin ich nicht! Mich nerven nur die Diskussionen um Generationen, Best Aging und so weiter. Jedes einzelne Leben ist eine individuelle, persönliche Reise. Und ich weiß mittlerweile, dass jeder Ort, den man bereist, jede Situation, die man erlebt, jeder Mensch, den man trifft, Teil dieser Lebensreise ist. Manchmal hatte man seine Reiseroute eventuell anders geplant.

»*Leben ist das, was passiert, wenn der Mensch Pläne macht.*« (N. N.)

Rückblickend macht jedoch alles irgendwie einen Sinn, fügt sich zusammen wie ein kunstvolles Mosaik. Darum bitte ich dich: Vertraue dem Leben, reise auf deiner persönlichen Lebensroute und genieße jede Station. Denn jede einzelne Situation ist zu etwas gut, auch wenn du das zum jeweiligen Zeitpunkt nicht sofort verstehst. Irgendwann an deinem Lebenszielort angekommen, wirst du rückblickend denken: Es war gut so.

Was ich persönlich immer noch tagtäglich lerne:
... dass manches einfach Zeit braucht,
... dass man nicht alles kontrollieren kann,
... dass es okay ist, Fehler zu machen,
... dass ich nicht für alles die Verantwortung übernehmen muss,
... dass sich mein Weg ändern darf,
... dass Gefühle gefühlt werden wollen,
... dass Nein sagen in Ordnung ist,
... dass mein Wert unabhängig ist von der Meinung anderer.

Es ist mir eine große Freude, dir zu Beginn dieses Buches nachfolgenden Segen auf deinen ganz persönlichen Lebensweg mitzugeben zu dürfen:

Möge die Sonne dir neue Energie am Tag geben.
Möge der Mond dir Erholung in der Nacht geben.
Möge der Regen deine Sorgen hinfort waschen.
Möge der Wind neue Kraft in dein Dasein blasen.
Mögest du süß wandeln auf der Welt und kennenlernen all ihre Schönheit.
An jedem Tag deines Lebens.

(Apachen-Gebet)

NEGATIVE GEDANKEN GEHÖREN AN DIE LEINE

NUR DIE GUTEN HABEN FREILAUF BIS ULTIMO

Wir alle kennen die Werbung dieses berühmten schwedischen Möbelhauses: »Wohnst du noch oder lebst du schon?« Ich frage dich: »Denkst du schon oder lässt du deinen Kopf für dich denken?« Anders ausgedrückt: Bis du ein Gehirnbenutzer oder ein Gehirnbesitzer? Ich habe mich eindeutig und ganz bewusst dafür entschieden, meine Gedanken wie ein Hundebesitzer zu behandeln: Die nicht so braven, widerspenstigen nehme ich an die Leine. Die guten Gedanken dürfen sich frei ausleben.

»Jump off the trains of thought, that don't take you to a better place.« (N. N.)

Hast du dir schon einmal die Zeit genommen, deine Gedanken zu beobachten? Hast du das Gefühl, sie dominieren dich? Und hast du manchmal das Gefühl, sie drehen sich andauernd im Kreis wie die Trommel einer Waschmaschine? Falls ja, finde deinen individuellen Weg, die negativen Gedankenspiralen zu stoppen. Du wirst sehen, wenn du dein Denken änderst, änderst du dein Leben. Wie? Nimm dir zum Beispiel eine spezielle Zeit zum Grübeln. Außerhalb dieser Zeit ist dann allerdings kein Platz für Grübelei. Lenk dich mit etwas Schönem ab. Ändere deine Glaubenssätze. Das ist möglich. Anregungen findest du zum Beispiel auf Seite 134 f.

WICHTIG
Du brauchst dir nicht alles von deinen Gedanken gefallen zu lassen! Im Gegenteil! Werde Chefin in deinem Kopf und gib den Ton an, indem du zur Dirigentin deiner Gedankenmusik wirst. Ich frage mich übrigens selbst regelmäßig: »Ups, was ist denn das für ein Gedanke?« Dann versuche ich mich zu entscheiden: Will ich das gerade denken oder nicht, weil es mir nicht wohltut? Falls meine eigene Antwort »Nein!« lautet, schiebe ich diesen Gedanken beiseite. Er bekommt keine Berechtigung in meinem Kopf, gleichsam keine Aufenthaltsgenehmigung – in diesem Moment und/oder generell. Warum ist dieses bewusste Denken so wichtig? Weil du damit deine Wirklichkeit konstruierst.

WIE DAS GEHT?

Stell dir vor, du möchtest einen Kuchen backen. Leider ist dir das Backpulver ausgegangen. Deine Nachbarin von gegenüber ist eine tolle Frau. Sie hat immer alles auf Vorrat da. Du könntest dir also das Backpulver von ihr borgen. Euer Verhältnis war immer gut. Doch nun fängt dein Kopf an zu arbeiten und produziert seine eigenen Vorstellungsbilder. So entsteht deine eigene Wirklichkeit. Sie muss mit der Realität nichts zu tun haben. Beispielsweise denkst du:

»Gestern war Marie irgendwie komisch auf der Straße. Als sie von der Arbeit kam, hat sie mich so schief angeguckt. Und wenn ich so überlege, macht sie das schon länger. Hat sie womöglich etwas gegen mich? Bin ich ihr als Nachbarin nicht gut genug? Eigentlich find ich sie auch gar nicht so nett. Sie ist schon sehr speziell. Ach überhaupt: Die kann ihr Backpulver behalten. Ich fahr schnell zum Discounter xy.«

Du siehst, wenn du deinen Kopf, dein Denken nicht führst, verselbstständigt es sich – und das nicht immer zum Guten. Also: Obacht!

Kleine Anmerkung an der Stelle: Früher dachte ich immer, Schlager geht gar nicht. Für Udo Jürgens breche ich jedoch eindeutig gern eine Lanze. Der 2014 verstorbene Schlagersänger war ein echter Alltagsphilosoph. Viele seiner Texte sind wirklich inspirierend. Musik ist immer Geschmacksache, doch auch wenn du, wie ich früher, eher gegen Schlagermusik votierst, können seine Texte dich vielleicht doch berühren. Nachfolgend zitiere ich dir einen kurzen Auszug aus einem seiner Lieder, das zum Thema »Denke ganz bewusst!« wunderbar passt:

DAS LEBEN BIST DU

Achte auf deine Gedanken, denn sie werden Worte.
Achte auf deine Worte, denn sie werden zur Tat.
Achte auf deine Taten, denn sie werden dein Schicksal.
Was in Zukunft wächst, ist deine Saat.

[...]

Du bist dein Krieg, du bist dein Frieden.
Du bist dein Schatten und dein Licht.
Du bist alles, was geschehen wird.
Einen Ausweg gibt es nicht.
Du drehst dir deine Welt zur Hölle
oder auch der Sonne zu.
Du bist das Leben, das Leben bist du.

[...]

(Quelle: LyricFind; Songwriter: Udo Jürgens/Wolfgang Hofer, © BMG Rights Management)

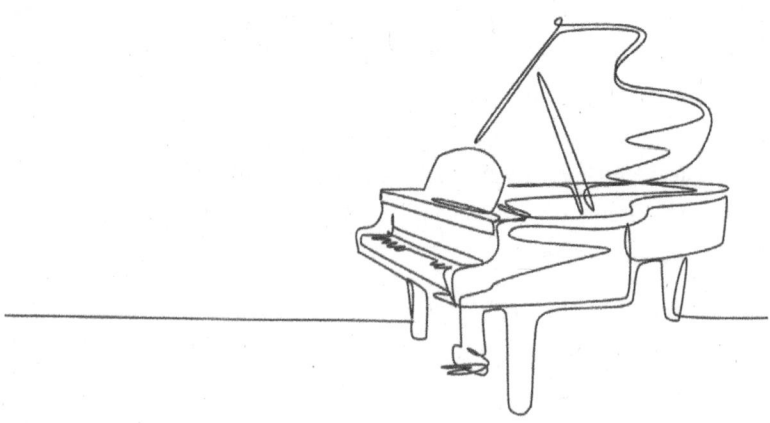

Es ist nämlich so:

»Mit der Zeit nimmt die Seele die Farbe der Gedanken an.« (Marc Aurel)

Wir können uns das so vorstellen: Wenn du auf deinem Computer immer nur Horrorspiele abspeicherst und spielst, wie kannst du dir dann eines Tages darauf einen schönen, leichten, lustigen Liebesfilm anschauen? So etwas bietet dir dein Computer dann nicht an. Er ist schließlich auf Horror programmiert. Der Computer zeigt dir das, womit du ihn fütterst. Mit deinem Denken ist das ähnlich: Dein Kopf, deine Gedanken zeigen das, womit du deinen Kopf speist. Denkst du häufig: »alles dunkel, gruselig, schlimm, schrecklich ...«, wirst du irgendwann ständig so denken und fühlen. Denkst du: »hübsch, hell, fein, leicht, charmant ...«, wirst du irgendwann genau so fühlen. Du bist gleichsam die Programmiererin deines Kopfes. Also schau genau hin, was du am meisten denkst, woran du am meisten denkst.

MANCHMAL SCHAUE ICH NACH SCHÖNEN OHRLÄPPCHEN

ES GIBT FAST IMMER ETWAS POSITIVES BEIM GEGENÜBER ZU ENTDECKEN!

»Ich bin Optimist. Scheiße werden kann es dann immer noch!« (N. N.)

Jeder einzelne deiner Lebenstage kann ein Mini-Silvester sein. Denn du allein entscheidest täglich neu, ob du dich und dein Leben verändern möchtest respektive wirst. Du bist jeden Tag in der großartigen Lage, zu entscheiden, wie du auf »die Umstände« reagierst, also wie du agierst: Willst du Gestalter oder Opfer sein? Bist du Chancendenker oder Problemfinder?

Auch an vermeintlich schlechten Tagen kannst du etwas tun, kannst du den Tag eventuell für dich entscheiden.

»Genau in dem Moment, als die Raupe dachte, die Welt geht unter, wurde sie zum Schmetterling.« (Peter Behary)

Obwohl wir natürlich alle individuelle Lebensentwürfe haben, starten wir alle jeden Tag wie ein leeres Blatt Papier: Wir können es selbst beschreiben. Das heißt: Ich starte meinen Tag, beschreibe mein leeres Blatt Papier lieber mit guten Gedanken, einem guten Mindset, einer guten Einstellung. Das erhöht extrem die Chance auf einen guten Tagesbeginn. Probier's morgen in der Früh einmal aus. Bevor du aus dem Bett aufstehst, denkst du im Bett solche Gedanken wie: »Ein neuer Tag bedeutet neue Chancen, neue Möglichkeiten. Ich versuche, mich auf heute zu freuen. Versuche, aus allem, was mir begegnet, etwas zu lernen. Versuche, diesen Tag zu einem richtig guten zu machen. Ich versuche, die Begegnungen an diesem Tag zu wertvollen zu machen. Ich werde diesen Tag nicht verschwenden! Es gibt ihn nämlich nur einmal in meinem Leben! Das bedeutet, er ist kostbar.« So manches Mal liegt es an uns, an unserem Blickwinkel, an unserer Perspektive, zu erkennen, wozu etwas gut ist, welchen Sinn es machen könnte.

Ich mag das Mindset, das aus Oprah Winfreys Satz leuchtet:

»Kreiere die größte Vision für dein Leben, denn du bekommst das, woran du glaubst.«

Bevor du also negativ denkst und fühlst, überprüfe dein Mindset, deine Einstellung und frage dich in bestimmten Lebenssituationen:

- Wozu ist das wohl gut?
- Was soll mir das sagen?
- Was darf ich daraus lernen?

Wie oft habe ich im Nachhinein gedacht, nachdem ich bestimmte Lebenssituationen durchlebt habe: Wie gut, dass es so kam. Es war zu meinem Besten. Ich möchte dir mitgeben: Du bist die Gestalterin deines Lebens!

Ich war zum Beispiel als junge Frau einmal zu einem Casting bei Sat1 für die Neubesetzung einer Moderation einer recht bekannten Sendung im Vorabendprogramm eingeladen. Ich war mit einem Kollegen im Finale. Das heißt, die Programmverantwortlichen wollten sich für den Kollegen oder mich entscheiden. Kurzum: Der Kollege bekam den Job und damit die Sendung. Natürlich war ich im ersten Moment traurig, enttäuscht. Ich hatte mir – berechtigterweise – große Hoffnungen gemacht. Mit ein bisschen Abstand zur Situation wurde mir allerdings klar, dass es tatsächlich gut war, dass ich diese Sendung nicht bekommen hatte. Warum? Erstens weiß ich wirklich nicht, ob eine so schnelle Berühmtheit gut für meinen Charakter gewesen wäre. Vielleicht wäre ich arrogant und eingebildet geworden? Zweitens wäre mein Leben dann bestimmt ganz anders verlaufen, denn ich hätte wahrscheinlich TV-Moderation-Karriere gemacht. Dass es nicht so, sondern anders kam – damit bin ich vollkommen fein.

Generell neigen wir dazu, uns selbst das Leben schwer zu machen. Dabei ist es doch »eigentlich« ganz einfach:

- Denke nach, was du willst!
- Check die Rahmenbedingungen!
- Kommuniziere deine Bedingungen!
- Agiere!

WIE?

Hier ein paar kleine Beispiele:
- Vermisst du jemanden? Ruf ihn an!
- Möchtest du jemanden treffen? Schreib ihm eine Nachricht dazu.
- Möchtest du verstanden werden? Erkläre dich.
- Hast du Fragen? Frage.
- Du magst etwas nicht? Dann äußere dich adäquat dazu.

Es ist, wie es ist: Die Umstände können wir oft nicht ändern. Doch wir können jederzeit selbstbestimmt unsere Gedanken, unsere Einstellungen, unser Mindset dazu ändern. Klingt nicht gerade einfach? Ist es auch nicht. Im Übrigen ist wohl das ganze Leben nicht »einfach«. Doch es kann dennoch gut sein. Kann schön sein. Kann erfüllend sein. Dazu eine Binsenweisheit aus meinem Nähkästchen: Jede Reise beginnt mit dem ersten Schritt. Bist du diesen ersten Schritt gegangen, entsteht der Weg oft beinahe von allein unter deinen Füßen.

»Irgendwann kommen wir dann in ein ›gefährliches‹ Alter. Es ist das Alter, in dem wir die Person werden, die wir sind« (nach Charles Peguy). Mit dem Blick auf das, was war, fühle ich mich persönlich gut vorbereitet auf das, was kommt. Warum diese Zeilen? Weil ich dich inspirieren möchte, dein Leben auf deine Weise zu leben. Weil ich dich inspirieren möchte, deinen (Lebens-)Stil zu finden. Weil ich dich inspirieren möchte, dich nicht mit anderen zu vergleichen. Das bedeutet nicht, dass wir nicht jeden Tag dazulernen dürfen, uns reflektieren und hinterfragen. Doch es bedeutet, dass wir uns trauen, unser Leben so zu leben, wie es uns adäquat ist – solange wir nicht die Grenzen zum Leben anderer überschreiten. Mit dieser Einstellung glaube ich jeden Tag fest daran: »The Best Is Yet to Come«* (Das Beste kommt noch). Ich hoffe das auch wahrhaftig für dich. Let's rock it!

Dazu eine kurze Geschichte vom Ohrläppchen und warum Einstellungen unser Verhalten bestimmen

Vor etlichen Jahren führte ich mit einer Freundin, einer Schauspielerin, viele Abende lang ausführliche Gespräche über unser beider Berufe. Irgendwann fragte ich sie, wie sie es schafft, mit einem Kollegen, den sie unsympathisch findet oder der augenscheinlich körperlich ungepflegt ist, professionell eine Liebesszene zu spielen und dabei glaubwürdig zu wirken. Sie dachte kurz nach und gab mir folgende Antwort: »Stephanie, ich justiere vor der bestimmten Szene meine Vorstellung von diesem Kollegen. Das bedeutet, ich suche etwas an ihm, das ich sympathisch, attraktiv, liebenswert finde. Dann konzentriere ich mich mit meiner Vorstellung komplett auf diese Eigenschaft, dieses äußerliche Merkmal. Manchmal finde ich tatsächlich nicht mehr als seine Ohrläppchen attraktiv. Doch das reicht, um mit ihm unsere Szene zu spielen und gut abzuliefern.«

Ich guckte während ihrer Antwort wohl etwas skeptisch, sodass sie es weiter ausführte: »Generell ist es mir vor jeder Rolle mit Kollegen wichtig, meine Ein- und Vorstellung zu und von ihnen positiv aufzubauen. Deine Vorstellung bestimmt in der Folge dein Verhalten. Probiere es aus!«

---

* Gesungen von Frank Sinatra, komponiert von Cy Coleman, Text von Carolyn Leigh.

Während meiner Coaching-Ausbildung habe ich oft an diese Sätze gedacht. Bis heute sind die Sätze »Deine Ein- und Vorstellung bestimmt dein Verhalten« und »Dein Mindset ist die Basis für jegliche Form von Begegnung« grundlegende Elemente meiner Arbeit.

PROBIER ES GERN AUS

Bevor du den Tag beginnst, überprüfe und justiere deine Einstellung, überprüfe dein Mindset dem neuen Morgen und somit dem neuen Tag gegenüber. Noch vor dem Aufstehen kannst du dir zum Beispiel bewusst überlegen: Dies ist ein neuer Tag, also auch die Möglichkeit für neue Chancen. Egal, was mir dieser Tag bringt, ich nehme es an und mache etwas daraus.

Bevor du in ein Gespräch, in eine Begegnung gehst, überprüfe und justiere deine Ein- und Vorstellung deinem Gesprächspartner gegenüber. Gehe grundsätzlich ohne Vorbehalte oder Vorurteile in ein Treffen. Gib jedem Menschen die echte Gelegenheit, sich als nett zu erweisen. Du kannst zum Beispiel bewusst denken: Er respektive sie ist bestimmt sehr angenehm und auch sympathisch. Wir werden ein gutes Gespräch führen.

Gib generell lieber Vorschusslorbeeren, als dass du die Türen zu einer neuen guten Bekanntschaft oder Freundschaft oder einer neuen Lebenssituation verschließt. Du kannst dich zum Beispiel folgendermaßen einstimmen: Ich bin generell positiv gestimmt und nehme das, was nun kommt, als Chance wahr.

MEINE ERKENNTNISSE FÜRS LEBEN
Eine konstruktive Einstellung, ein konstruktives Mindset beeinflussen mich, mein Denken, meine Gefühle und in der Folge mein Reden und Handeln positiv. Fühlen wir uns gut, sind wir positiv gestimmt, können wir zunächst grundsätzlich mit der Welt im Reinen sein. Und das bedeutet wiederum, dass wir uns, unseren Mitmenschen und der Welt um uns herum eine echte und wahrscheinlich gute Chance auf weniger Probleme und Konflikte geben. Im besten Fall erleben wir inspirierende neue Begegnungen, führen interessante, uns bereichernde Gespräche und erleben Situationen, die unser Leben bunter machen. Im ungünstigsten Fall müssen wir zugeben, dass wir uns geirrt haben.

Um in der Metapher zu bleiben: Ich schaue gern und oft nach schönen Ohrläppchen. Und siehe da: Bei vielen Menschen werde ich fündig. Guck auch du gern einmal genauer hin!

JEDER NACH SEINER FASSON

DIE LEUTE REDEN SOWIESO!

Die meisten meiner Coachings starten mit einer grundlegenden Biografiearbeit: Zu Beginn ist es mir wichtig, die unterschiedlichen Facetten meines Gegenübers wirklich kennenzulernen. Ich habe so das große Privileg, immer wieder großartige, ganz unterschiedliche Lebensgeschichten zu hören. Meine Kunden sind Führungspersönlichkeiten und im privaten Leben absolvieren sie Triathlons und/oder Marathons,
rennen über Berge,
geben Sicherheitsfahrtrainings für Motorradfahrer,
laufen wochenlang mit nur einem Rucksack als Gepäck durch Skandinavien,
leben monatelang in Schweigeklöstern,
pilgern den Jakobsweg,
fischen mit Fliegenfischern,
kochen auf Sterneniveau,

singen wie Placido Domingo,
tanzen wie Joachim Llambi,
leiten erfolgreich Vereine,
fotografieren wie weltbekannte Profis,
sind Veganer,
tragen Tattoos und/oder Piercings,
sind in fünfter Ehe verheiratet,
engagieren sich in der Hospizarbeit,
sind bei der Freiwilligen Feuerwehr.

Mein lebenslanges Learning als Mensch und Coach ist, dass ich bewusst versuche, alle diese besonderen Facetten von Lebensläufen respektvoll anzuerkennen, niemals zu bewerten, doch häufig nach den Gründen dafür zu fragen. Und ich bekomme sehr oft Antworten, die ich als Mensch im positiven Sinne höchst bemerkenswert finde. Diese Menschen leben – soweit es ihr Leben und damit auch ihre Rolle als Führungskraft zulässt – ihr ganz besonderes individuelles persönliches Leben. Oder wie meine Großmutter sagte:

»Jeder lebe nach seiner Fasson. Kind, glaub mir: Die Leute reden sowieso!«

Meine Erkenntnisse fürs Leben
- Lebe DEIN Leben. Alle anderen Menschen haben ihr eigenes.
- Everybody's darling is everybody's Depp (nach Franz Joseph Strauß). Wir können es niemals allen Menschen recht machen. Also versuche es erst gar nicht.
- Deine Grenze ist da, wo die Grenze einer anderen Person beginnt. Es ist wie auf der Yogamatte: Wenn ich auf meiner Matte bin, habe ich auf deiner Matte nichts zu suchen. »Mein Bereich – dein Bereich« wird akzeptiert und wertgeschätzt.
- Es gibt keine starren Regeln, wie man sein Privatleben als (Führungs-) Persönlichkeit zu leben hat. Es gibt kein Regelbuch, in dem steht, dass man dies oder jenes darf und dies oder jenes unterlassen muss.
- Wenn du dein Leben nach deiner Fasson lebst, stehe dazu.

Wozu ich stehe
- Ich bin ehemalige Harley-Fahrerin,
- ich habe Tattoos,
- ich bin ehemalige Homeshopping- Moderatorin,
- ich habe mit fünfzig Jahren an einer Miss-Germany-50plus-Wahl teilgenommen,
- ich liebe Kinder- und Teenagerfilme,
- ich liebe Stofftiere,
- ich brauche, wenn es kalt ist, mein Wärmekissen im Bett.
- Ich habe erst mit achtunddreißig Jahren geheiratet. Mein Spruch war immer: »Ich heirate ganz spät. Dann ist es nämlich irgendwann peinlich, sich scheiden zu lassen.« Das wollte ich nämlich nie.
- Ich quietsche, wenn ich Babys, Welpen oder andere süße Tierbabys sehe.

WÄSSERE DEINE SEITE DES RASENS

VERGLEICHE MACHEN DICH SELTEN STÄRKER

Sich zu vergleichen, hat seinen Ursprung in der Evolution. Der Mensch ist ein soziales Wesen und hat immer schon in Gruppen gelebt und überlebt. Sich mit anderen zu vergleichen, dient uns als Orientierung, um zu sehen, wo wir in einer Gruppe stehen und ob wir etwas unternehmen sollten, um unsere Leistung und Position zu verbessern. Es ist gleichsam nötig, um bessere Antworten auf die zeitlose Frage zu finden, wer wir sind. Sich zu vergleichen, kann eine positive Auswirkung haben – indem wir uns von anderen inspirieren oder leiten lassen (das ist dann ein Abgleich). Ich finde, Rita Ora bringt es gut auf den Punkt:

»Verschwendet eure Zeit nicht damit, euch mit anderen zu vergleichen. Konzentriert euch darauf, alle mit euren Taten und Worten umzuhauen.«

Ich finde es besser, mich an mir selbst zu messen – nicht an anderen. Bin ich mir treu? Bin ich meinen Werten treu? Gebe ich mein Bestes? Beim Vergleich mit anderen übersehen wir immer eine entscheidende Sache: Wir haben nie die gleichen Voraussetzungen. Ein Vergleich macht folglich in den meisten Fällen gar keinen Sinn.

Dazu eine kurze Geschichte vom grünen Gras auf der anderen Seite des Zaunes und meiner persönlichen Korrektur: Wenn mir bis dato meine Coachees im Coaching davon erzählt haben, dass sie sich mit anderen Menschen und deren Situationen vergleichen, habe ich immer voller Überzeugung erwidert, dass vergleichen ungesund sei – für die Psyche, die Nerven und die Gesundheit. Gern zitierte ich dann meinen Lieblingssatz:

»Das Vergleichen ist das Ende des Glücks und der Anfang der Unzufriedenheit.« (Sören Kierkegaard)

Gern erläuterte ich meine Überzeugung dann auch noch mit Ausführungen wie: »Es wird immer jemanden geben, der ...

- klüger,
- beliebter,
- erfolgreicher,
- schöner und anderes mehr ist.«

Darum sollten wir uns nicht vergleichen. Wir laufen nur in eine gefährliche Vergleichsfalle und ziehen fast immer den Kürzeren. Grundsätzlich bleibe ich bei dieser Meinung. Nur für bestimmte, besondere Situationen finde ich Vergleiche hilfreich. Welche? In der vergangenen Woche kam ich mit einem älteren Herrn ins Gespräch, dessen Gattin das gleiche Krankheitsbild zeigte wie meine Mutter. Der Moment der Begegnung ergab, dass wir uns einander ein bisschen mehr öffneten, als das sonst bei flüchtigen Bekanntschaften üblich ist. Wir erzählten einander von unserer Trauer, dem Abschiednehmen, den eigenen Enttäuschungen (meine Definition von Enttäuschung: eine Täuschung wird aufgehoben, gleichsam enttarnt), dem Emotional-aus-der-Bahn-geworfen-Sein, der Erschöpfung, den Erinnerungen. Erstaunlicherweise entstand so eine ganz besondere Atmosphäre zwischen uns. Wir bedankten uns nach der Konversation wahrhaft innig beieinander. Wir hatten uns abgeglichen, unsere Situationen verglichen und sind beide gestärkt aus diesem besonderen Vergleich herausgegangen.

Meine Erkenntnisse fürs Leben
- Ausnahmen bestätigen die Regel, auch beim Thema Vergleichen.
- Ein Vergleich, ein Abgleich kann auch zusammenschweißen, gar Beziehungen ermöglichen und entstehen lassen.
- Ein Vergleich kann uns erden, zum Beispiel mit der Erkenntnis: Diese Person schafft das, wuppt diese Situation. Somit glaube ich daran, dass auch ich es schaffen kann.
- Selbst ein Satz, der mir sonst eher etwas suspekt war, gewinnt nun an Bedeutung: »Geteiltes Leid ist halbes Leid.«
- Last but not least, gibt es jedoch eine Art Vergleich, den ich gutheiße und für den ich gleichsam plädieren möchte:
  »Vergleiche dich nicht mit anderen Menschen, sondern mit dem Menschen, der du gestern warst.« (N. N.)
  Uns selbst zu reflektieren, zurückzuschauen, wer wir gestern waren, wie wir gedacht, gefühlt, kommuniziert und agiert haben, und dies dann mit unserem Sein heute abzugleichen, birgt die stetige Möglichkeit einer gesunden Weiterentwicklung unserer Persönlichkeit.

Ich wünsche uns allen Entwicklung im Sinne von »Ent-wicklung« der in uns steckenden Fähigkeiten, Ressourcen, Kompetenzen à la »Gestern konnte ich das noch nicht, heute geht es schon gut, morgen besser«. Und ich wünsche uns, dass wir das auch füreinander erkennen!

FRÜHER WAR MEHR LAMETTA

WIE GEHST DU MIT WEIHNACHTEN UM?

»Weihnachten ist ein Gefühl.« (n. n.)

Unser ganzes Leben ist von unseren Erwartungen geprägt. Wir orientieren unser Wohlbefinden nicht an der Frage »Was ist gut oder schlecht?«. Es geht vielmehr um die eigenen Erwartungen und die Diskrepanz zwischen diesen und der Realität. Zu den Hoch-Zeiten in unserem Leben ist das wohl besonders extrem: Ostern, Weihnachten, Geburtstage, Ehrentage, Hochzeit. Vera Birkenbihl, eine der erfolgreichsten Sachbuchautorinnen der Achtziger- und Neunzigerjahre des vergangenen Jahrhunderts, hatte auf dieses Thema einen sehr pragmatischen Blickwinkel:

»Wenn dich jemand enttäuscht hat, dann bedanke dich. Schließlich ist eine Enttäuschung das Ende einer Täuschung.«

Insbesondere Weihnachten sind wir dafür besonders empfänglich: Das Fest wird zum Brennglas – für den Wunsch nach Nähe einerseits, für Konfliktpotenzial andererseits. Zudem ziehen die meisten Menschen am Jahresende ein persönliches Fazit ihres gelebten Jahres.

Dazu eine kurze Geschichte von Erwartungen und Enttäuschungen

Heute sehe ich Weihnachten etwas anders als früher. Ich glaube, dass wir gerade eine Hoch-Zeit wie Weihnachten brauchen. Meine Seele jedenfalls hätte gerne ab und an eine kleine Pause vom Krach, von der Unruhe, von den Konflikten, von den Kriegen. Hätte gerne manchmal bewusst Momente für Hoffnung auf Miteinander, auf Anstand, auf Frieden.

Früher fand ich die Rituale des Weihnachtsfests eher spießig. Heute empfinde ich diese Vertrautheit von bekannten Abläufen eher als Raum für Geborgenheit, Sicherheit. Und in diesen Momenten der Ruhe empfinde ich auch – noch stärker als im Alltag – Dankbarkeit und durchaus Demut. Dafür, wer ich bin und wo ich bin. Ich erkenne, dass es mir bei aller großen, besorgniserregenden Unruhe im Makrokosmos in meinem Mikrokosmos dennoch immer noch sehr gut geht. Und dieses Bewusstsein gibt mir Kraft. Auch die Kraft, zu versuchen, jeden Tag im Alltag etwas zu bewirken.

»Güte ist eine Frage der Haltung, mit der wir durchs Leben gehen.« (n. n.)

Meine Erkenntnisse fürs Leben

Weihnachten ist nicht kitschig, sondern sinnvoll. Weihnachten gilt über die Feiertage hinaus. Heute ahne ich mehr denn je, was Weihnachten bedeutet.

»Wann fängt Weihnachten an?
Wenn der Schwache dem Starken die Schwäche vergibt
Wenn der Starke die Kräfte des Schwachen liebt
Wenn der Habewas mit dem Habenichts teilt
Wenn der Laute bei dem Stummen verweilt
Und begreift, was der Stumme ihm sagen will

Wenn das Leise laut wird und das Laute still
Wenn das Bedeutungsvolle bedeutungslos
Das scheinbar Unwichtige wichtig und groß
Wenn mitten im Dunkel ein winziges Licht

Geborgenheit, helles Leben verspricht
Und du zögerst nicht, sondern du gehst
So wie du bist darauf zu
Dann, ja dann fängt Weihnachten an.«

(Rolf Krenzer, Ute Besan)

So könnte eigentlich jeden Tag Weihnachten sein. Es ist an uns.

WAS KANNST DU KONKRET TUN, DAMIT WEIHNACHTEN UND ANDERE FESTE FRIEDLICH UND FREUDVOLL SIND?

- Habe realistische Erwartungen. Packe nicht zu viele Hoffnungen in diese Feste. Lass diese besonderen Tage etwas mehr auf dich zukommen. Manche schönen Momente geschehen ungeplant aus der Situation heraus.
- Sei dir der Konfliktpotenziale bewusst. Überhöre bewusst manche Aussagen, Bemerkungen: Ignoriere charmant manches Verhalten.
- Nimm Hilfe an. Du musst diese Feste nicht allein organisieren. Jeder kann etwas zum Gelingen beitragen, etwas zu essen und zu trinken mitbringen, etwas kochen, etwas bestellen.
- Beuge der Leere nach Weihnachten vor. Gehe unter Menschen. Tu bewusst etwas für dich. Lenke dich ab.

GRUß AN DEINEN INNEREN SCHWEINEHUND

FÜHRST DU IHN SCHON ODER FÜHRT ER DICH STATTDESSEN AN DER NASE HERUM?

Eines der Dauerthemen in unserem Leben ist wohl das »Gegen-uns-Angehen«. Sicher kennst du das auch: Sport ist gut und gesund. Andererseits ist es aber eben so viel schöner, auf dem Sofa zu liegen und Filme zu schauen. Sich gesund und ausgewogen zu ernähren, ist gut für uns. Doch es macht so viel Spaß, abends mit Freunden zu Mc xy zu fahren und dort ein xy-Menü zu essen. Hamburger und einen dunklen Softdrink amerikanischer Herkunft zu genießen, ist eine verlockende Vorstellung. Oder morgen ist die Prüfung und es wäre klug gewesen, vor drei Wochen mit dem Lernen zu beginnen. Doch es gab so viele tolle andere Dinge, die es nicht zu verpassen galt. Wenn es um bestimmte Dinge geht, ist es fast, als säßen zwei Männchen auf unserer Schulter: Eines flüstert: »Tu es!« Ein anderes flüstert: »Lass es!« Diese inneren Stimmen respektive das teuflische Männchen zu besiegen, das immer wieder sagt: »Lass es!«, ist manchmal eine echte Sisyphusarbeit. »Heute habe ich mich selbst besiegt und dabei nicht verloren.« (N. N.) Viele von uns begründen diese innere Ambivalenz mit ihrem inneren Schweinehund, der einfach enorm stark ist. Sicher kennst du diesen Begriff auch.

Der innere Schweinehund ist eine Allegorie der Willensschwäche, die eine Person daran hindert, unangenehme Tätigkeiten auszuführen. Meist ist von der Überwindung des inneren Schweinehundes die Rede, um zu verdeutlichen, dass für die Erledigung einer bestimmten Aufgabe keine persönliche Neigung ausschlaggebend ist, sondern Selbstdisziplin. Dieser Zusammenhang deutet auch eine Sichtweise an, der zufolge letztlich jedem ein innerer Schweinehund innewohnt und der Makel erst darin besteht, dieser Unlust nachzugeben. In der Studentensprache des neunzehnten Jahrhunderts als grobes Schimpfwort bekannt, geht die Bezeichnung »Schweinehund« auf den zur Wildschweinjagd eingesetzten Sauhund zurück. Dessen Aufgaben waren das Hetzen, Ermüden und Festhalten der Beute. Speziell dafür wurde er gezüchtet und seine Charaktereigenschaften wurden auf besonders bissig agierende Menschen übertragen. Ich persönlich habe meinen inneren Schweinehund ganz gut im Griff. Das ist hauptsächlich der Tatsache geschuldet, dass ich mich wohlfühle, wenn ich gesund gegessen, genug geschlafen habe und sportlich aktiv war. Es bedarf folglich keines großen Kampfes in mir. Im Gegenteil: Ich esse gern Salate und Gemüse, gehe gern früh zu Bett und ich liebe Sport. Falls das bei dir anders ist und dein innerer Schweinehund dir regelmäßig ein Schnippchen schlägt, sodass du zum Beispiel Dinge aufschiebst, ungesund isst, zu wenig schläfst, zu wenig oder gar überhaupt keinen Sport treibst oder anderes, kannst du vielleicht einmal versuchen, deine inneren Feinde mit folgenden Methoden zu überlisten:

- Ändere deine alltäglichen Gewohnheiten! Laufe beispielsweise, anstatt immer mit dem Auto zu fahren. Nimm manchmal einen anderen Weg. Tu etwas, was du normalerweise nie machst.
- Sei nicht so streng mit dir, sondern nachsichtig und lache über dich, wenn es nicht auf Anhieb klappt! Es ist noch kein Meister vom Himmel gefallen.
- Stecke dir deine Ziele ab und fange klein an – mit sogenannten Mäuseschritten! Mäuseschritte haben den Vorteil, dass du rasch kleine Erfolge siehst. Ich möchte dich damit inspirieren, denn: Kleine Erfolge spornen an und motivieren zum Weitermachen.
- Starte! Komm ins Tun! Alles beginnt mit dem ersten Schritt. Zutreffend sagt auch der Volksmund: »Der Weg entsteht beim Gehen.«
- Belohne dich! Wenn du zum Beispiel nach dem Sport Lust auf ein Eis hast – iss eines. Du hast es dir verdient.
- Habe Geduld mit dir! Jeder fängt einmal mit etwas an. Die wenigsten Menschen sind in allem hochtalentiert. Die meisten Menschen müssen üben, trainieren, üben, trainieren, üben, trainieren.
- Sieh immer das große Ganze! Warum gehst du jeden Montag, jeden Dienstag, ... zum Sport? Zum Beispiel, weil du in der Zukunft nie wieder Rückenbeschwerden haben möchtest. Warum isst du gesünder? Weil du deinem Körper etwas Gutes tun möchtest, damit er lange gut funktioniert und aussieht.

- Analysiere die Hürden, die dir auf deinem Weg zum Ziel begegnen könnten! Mache einen Plan, wie du reagieren kannst, wenn eine solche Hürde auftaucht. Wisse für dich, was dann zu tun sein wird.
- Lebe nach dem Motto »Wenn ... dann!« Das kann zum Beispiel so aussehen: Wenn ich sowieso fitter werden möchte, dann nehme ich in Zukunft die Treppen und nicht den Aufzug. Wenn ich sowieso gesünder leben möchte, dann trinke ich in der Zukunft mehr Wasser als xy.
- Plane Rückschritte ein! Zerfleische dich nicht, wenn ein Rückschritt passiert. So etwas kommt »in den besten Familien« vor. Lasse dich von einem Rückschritt nicht demotivieren. Eher im Gegenteil, sporne dich damit an, werde dir selbst gegenüber rebellisch. Sage dir: »Ist nicht schlimm. Weiter gehts« oder »Jetzt erst recht!«. Halte dich zum Beispiel an die berühmte Pippi Langstrumpf von Astrid Lindgren. Sie sagt Sätze wie: »Der Sturm wird immer stärker. Ich auch!«
- Lege Regeln fest! Mache dir zum Beispiel einen festen Pan: Jeden Montag gehe ich zum Sport. Jede ungerade Woche trinke ich überhaupt keinen Alkohol.
- Kenne dein Warum! Was treibt dich an? Was möchtest du erreichen? Hab dieses Ziel in deinem Herzen.
- Suche dir Partner. Mit Verbündeten geht vieles leichter. Zum Beispiel im Team zu festen Zeiten zu laufen, in der Gruppe an festen Terminen zu lernen. Das Gemeinschaftsgefühl verbindet und bindet gleichzeitig.
- Verbinde deine neue Tätigkeit mit etwas dir sehr Angenehmem. Kauf dir zum Beispiel für den Sport ein tolles Outfit oder eine schöne Trinkflasche. Genieße die netten Gespräche nach den Treffen.

Dazu eine kurze Geschichte vom Offensein für Neues

Als Coach erzähle ich des Öfteren, dass man jedes Jahr etwas Neues lernen oder beginnen sollte. Warum?
Neues zu lernen, ist gesund.
Neue Menschen zu treffen, inspiriert.
Neue Themen zu entdecken, öffnet den Geist.
Neue Grenzen zu überschreiten, öffnet den Horizont.

Ich selbst ...
- habe mit Ende dreißig den Motorradführerschein gemacht,
- bin mit Ende vierzig das erste Mal Spinning mitgefahren,
- habe mit fünfzig das Meerjungfrauenschwimmen meiner damals kleinen Tochter mitgemacht,
- habe mit Anfang fünfzig einen Kurs in Schlagzeugspielen belegt,
- mache seit einem halben Jahr wieder eine neue Sportart: TRX.

In den Jahren dazwischen gab es unendlich viele kleine Lerneinheiten:
- mein Englisch verbessern,
- großartige Bücher lesen,
- Vorträge hören,
- Veranstaltungen besuchen.

Und erst vor kurzer Zeit durfte ich erst wieder eine großartige neue Erfahrung machen: Mein Kickboxkurs startete.

Was motiviert mich dazu? Meine grundlegende Intention zum Kickboxen zum Beispiel war, mich im Notfall selbst verteidigen zu können. Ich habe bereits in der ersten Einheit viel gelernt:

- Es ist im Sparring ein Miteinander (kein Gegeneinander). Wir wachsen im gemeinsamen Training.

- Es ähnelt tatsächlich dem Tanzen. (Das ist gut für mich. Beinarbeit kann ich ganz gut. Ich habe schließlich jahrelang Standard getanzt.)
- Mein Körper kann viel mehr, als ich dachte – ich muss ihn nur fordern und zwischen den Einheiten gut behandeln.
- Das Sparring powert aus und tut nicht nur dem Körper, sondern auch dem Geist gut. Manchmal ist so ein Boxsack echt praktisch – draufhauen und mit einem Augenzwinkern an jemanden oder eine Situation denken.
- Kickboxen ist nicht unweiblich. Es ist eine Ganzkörpersportart, die auch dem Gehirn etwas abfordert. Führhand, Schlaghand, Kicken links, Kicken rechts, verschiedene Abfolgen sind Fitness »auch für die grauen Zellen«.

DAS ALLERSCHÖNSTE

Mein Kurs ist ein Kurs für Mädchen und Frauen. Meine Tochter und ich trainieren und lernen gemeinsam. Das hat zur Folge, dass ein Boxsack bei uns im Keller steht. Wir haben so viel Spaß miteinander. Julie kann zum Beispiel auf die Frage »Und was machst du so am Dienstagabend?« antworten: »Da prügle ich mich mit meiner Mama!«

Und du? Wann überwindest du deinen persönlichen inneren Schweinehund und lernst etwas Neues?

MEINE ERKENNTNISSE FÜRS LEBEN

Es lohnt sich immer, mit dem inneren Schweinehund in Kontakt zu treten. Er ist faul. Er darf das sein, schließlich ist er ein Schweinehund und kein Personal Trainer. Doch es ist an uns, ihn ab und an zu verscheuchen – wenn es sich »lohnt«. Wann »lohnt« es sich? Das ist sicher individuell unterschiedlich. Ich visualisiere oft das Denken, das Gefühl danach. Beim Sport zum Beispiel weiß ich aus meiner Erfahrung heraus, dass ich danach immer gute Gedanken habe, mich gut fühle. Und das Großartige: Sport lohnt sich. Der Lohn ist Gesundheit, bessere Leistungsfähigkeit und so weiter.

EVERYBODY'S DARLING

ICH BIN DOCH KEIN DEPP!

»Du kannst niemals alle mit deinem Tun begeistern. Selbst wenn du übers Wasser laufen kannst, kommt einer daher und fragt, ob du zu blöd zum Schwimmen bist.« (N. N.)

Ich habe auf den vorangegangenen Seiten bereits mein persönliches Plädoyer für ein individuelles und der eigenen Person entsprechendes Leben abgegeben. Ich bin kein Fan von Mainstream, sondern mag Menschen mit Ecken und Kanten. Ich mag Menschen, die sich trauen, ihren persönlichen Neigungen nachzugehen. Menschen, die den Mut haben, eigene Träume zu verwirklichen. Ich bin auch sehr froh und dankbar dafür, dass ich mich immer getraut habe, ich zu sein. Ich unterlag nie einem inneren oder äußerem Zwang, mich komplett anpassen zu müssen. Ich war gerne mutig genug, einen Hauch anders zu sein, wenn ich gespürt habe, dass das in der jeweiligen Situation oder Umgebung so sein würde. Ich musste niemals und möchte auch in der Zukunft niemals sagen müssen, dass ich erfolgreich an meiner Genetik vorbeigelebt hätte. Wie ich auf diese Formulierung komme?

Weil das in meinen Coachings manchmal Thema ist. Gern verweise ich dann mit einem Augenzwinkern auf den folgenden Songtext von Udo Lindenberg:

»[...] Eigentlich bin ich ganz anders. Ich komm nur viel zu selten dazu. Du machst hier grade mit einem Bekanntschaft, den ich genauso wenig kenne wie du [...].«

Wie ist das bei dir? Lebst du schon dein Leben? Oder ist dein Leben – wenn du ganz, ganz ehrlich zu dir bist – eher ein Leben, das andere von dir erwarten? Oder ein Leben, das sich so ergeben hat? Ein Leben, das irgendwie so passiert ist? Was meinst du? Solltest du das, magst du das mal hinterfragen?

ZUM BEISPIEL MIT DEN FOLGENDEN FRAGEN

- Hältst du im Alltag regelmäßig inne und hinterfragst dein Leben, dein Da-Sein, die Umstände deines Lebens?
- Nimmst du dir die Zeit dafür, zu hinterfragen, ob du all das, was dein Leben ausmacht, ob du dein Leben so möchtest? Oder ob es so ist, dass du »nur« funktionierst, gleichsam in der Routine gefangen bist?

Meiner Erfahrung nach ist schon eine so kurze und knappe regelmäßige Selbstreflexion extrem gut, um zu prüfen, ob du noch oder schon auf deinem für dich richtigen Lebensweg bist.

Warum also nicht gleich mit einer regelmäßigen Reflexion beginnen, quasi mit einem Kurzcheck? Der folgende Satz ist in meinen Augen der wirklich effektivste dafür. Ein Satz, der alles beleuchten kann. Warum? Je nach Betonung schaust du auf einen anderen Aspekt:

Will ich das?   Will **ich** das?   Will ich **das**?

Ergänzen kannst du dann mit weiteren simplen, in ihrer Wirkung jedoch genialen Fragen:

Bin ich das?   Bin **ich** das?   Bin ich **das**?

Was werde ich so lassen?

Was werde ich ändern?

Was wird sich dann ändern?

Ich kenne tatsächlich eine Handvoll Menschen, die nie wirklich ihr ureigenes Leben gelebt haben. Sie übernahmen gezwungenermaßen das Unternehmen ihrer Eltern und haben dann gleichsam das Leben ihrer Eltern weitergelebt. Sie sind in ihrer Heimatstadt wohnen geblieben. Sie gehören den gleichen Klubs an wie alle anderen Familienangehörigen. Sie haben zwei Kinder bekommen, da in dieser Familie jeder zwei Kinder bekommen hat. Sie feiern Weihnachten und Ostern seit eh und je in der gleichen Konstellation mit den Angehörigen. Und so weiter und so weiter. Wenn das ihr Herzenswunsch war: mein wirklich ehrlich und ernst gemeinter Glückwunsch! Wenn ein Lebenswunsch in Erfüllung geht, ist das etwas ganz Wunderbares. Wenn sie jedoch viel lieber beruflich und überhaupt ihr eigenes Ding gemacht hätten, zum Beispiel gerne ins Ausland gezogen wären, lieber andere Freunde gehabt hätten, lieber Single oder kinderlos geblieben wären und so weiter. Oje, oje! Ich plädiere eindeutig und dringlich für einen regelmäßigen Was-möchte-ich-denn-Check.

DRAUSSEN REGNET ES

ANSONSTEN IST ABER SCHÖNES WETTER

»Manch einer ist darauf fixiert, nur die Dunkelheit zu sehen. Ich ziehe es vor, die Sterne zu betrachten.« (Victor Hugo)

Je älter ich werde, desto mehr fällt mir eine Sache auf: Unser ganzes Leben besteht aus Gegensätzen: hell und dunkel, schmal und kräftig, Tag und Nacht, Ups und Downs, gestern und heute, hier und da, Liebe und Abneigung, gut und böse, laut und leise und so weiter. Bei den meisten von uns ist es sicher so, dass wir in den Downs glauben, die jeweilige Situation nicht zu schaffen, nicht durchstehen zu können. Im Rückspiegel des Lebens erkennen wir aber irgendwann, dass gerade auch die Downs zum Leben dazugehören und wir tatsächlich insbesondere in unseren Downs fast immer etwas Wichtiges lernen. Heute bin ich mit allen meinen Downs im Reinen. Nicht, weil ich mir die Downs, die schwierigeren Zeiten in meinem Leben schönrede, sondern weil ich weiß, dass ich in meinen besonders anstrengenden und auch aufregenden Lebensphasen gelernt habe, gewachsen bin, gereift bin, und immer ein neues Stück Resilienz hinzuerworben habe. Warum ich das hier schreibe? Weil nahezu jeder Coachee, mit dem ich arbeiten darf, jeder Mensch, den ich privat treffen darf, diese Einbrüche und Täler kennt. Ich glaube fest daran, dass es das Leben ausmacht, aus ebendiesen oben genannten und weiteren Gegensätzen zu bestehen. Und ich glaube daran, dass es an uns ist, diese Downs zu akzeptieren, aus ihnen zu lernen, mit ihnen adäquat umzugehen und uns nach jedem überstandenen Down gleichsam aufzurichten und stolz auf uns zu sein, es wieder einmal geschafft zu haben, um dann wieder nach vorne zu blicken.

Während ich diese Zeilen schreibe, denke ich an meine Großmama. Sie sagte:

»Draußen regnet es, ansonsten aber ist schönes Wetter!«

Ich finde diese Art zu denken bewundernswert. Meine Großmama gab der Wettersituation mit dem Regen einen anderen Rahmen, eine andere Bedeutung. Sie hatte einen anderen Maßstab. Für sie galt nicht: Sonne gut – Regen doof. Sie ließ sich durch Regen nicht ärgern. Warum auch? Sich ärgern macht abhängig. Abhängig von Menschen, von Situationen. Durch das Sich-Ärgern binden wir uns an das Außen, machen wir uns zum Sklaven dessen. Ich möchte lieber in meinem Inneren bleiben und damit völlig selbstbestimmt entscheiden, wann ich glücklich bin und wann eben auch nicht. Ich will lieber frei sein. Gutes Wetter ist relativ. Es ist gebunden (das sagt das Wort relativ) an eine Meinung, meine Meinung – zumindest dann, wenn es sich nicht um so etwas Gefährliches und Bedrohliches wie einen Orkan, einen Tornado oder Ähnliches handelt. Mit einer positiven Einstellung, einem positiven, konstruktiven Mindset gehört Regen auch zu gutem Wetter. Regen hat auch etwas Schönes: Der Garten wird bewässert. Im Sommer riecht es herrlich nach einem Regenguss. In den Pfützen kann man toll herumspringen. Wenn es schwül war, kühlt es nach dem Regen meistens ab. Wenn wir wollen, können wir so vielen Dingen, Themen und Menschen etwas Schönes abgewinnen – wir müssen es nur wollen!

MEINE ERKENNTNISSE FÜRS LEBEN
Jeder Tag ist ein neuer Tag! Eine banale Erkenntnis? Sie stimmt immer, wenn man es rein sachlich betrachtet. Ich meine jedoch etwas anderes: Ich meine, wenn wir es wirklich wollen, gibt es immer irgendetwas – selbst an dem schlimmsten Tag –, woran oder worüber wir uns erfreuen können. Und auch irgendjemanden, mit dem wir uns und/oder über den wir uns freuen können. Was können wir folglich machen, wenn wir einen wirklich doofen Tag haben? Ich suche mir dann bewusst etwas, worauf ich mich freuen kann – meistens bereits zu Beginn des doofen Tages.

Dann freue ich mich auf ein gutes Abendessen, eine schöne warme Dusche am Abend, das Zusammensein mit meiner Tochter, meinem Mann. Du freust dich vielleicht darüber, dass dein Hund, deine Katze sich so unbändig über deine Heimkehr freut. Wir können uns auf ein gutes Buch vor dem Einschlafen freuen, eine Folge unserer Lieblingsserie. Wenn ich eines definitiv weiß: Morgen ist ein neuer Tag. Und das bedeutet: Es geht weiter. Denn das Leben geht immer weiter! Also lass unser gemeinsames Motto sein: Kopf hoch und nun erst recht! Und eventuell auch: Krönchen richten, weiter geht's.

WO KOMMEN WIR DENN DA HIN?

GEH LOS UND SCHAU NACH!

Ich liebe Sprichwörter, Sentenzen, Metaphern, Mottos. Ich finde, dass sie die Wahrheit des Lebens großartig konzentriert sowie als Essenz des großen Ganzen auf den Punkt bringen. Darum habe ich auch jede Menge Mottos. Eines davon lautet: »Da geht noch was!« Warum? Das Leben als solches ist stete Veränderung. Veränderung ist quasi die DNA des Lebens. Somit ist auch unser jeweils individuelles, persönliches Leben durch stete, immerwährende Veränderung geprägt. Nichts, aber auch gar nichts bleibt, wie es ist. Und das ist gut so. Wir Menschen sind in unserem Sein »niemals fertig«. Wir verändern uns, wir lernen. Immer weiter, Tag für Tag, Jahr für Jahr. Gerade auch in Krisen, in problembehafteten Zeiten, sorgenvollen Zeiten. Auch und gerade, wenn es weh tut, wachsen wir. Das scheint generell ein Gesetz des Lebens zu sein: Wenn wir satt sind, wenn es uns gut geht, dann wachsen wir nicht, dann haben wir nicht den Drang, uns weiterzuentwickeln, dann sind wir nicht motiviert, besser zu werden. (Ausnahmen bestätigen die Regel.) Nicht ohne Grund wird in der einschlägigen Literatur immer wieder das chinesische Schriftzeichen zitiert, das sowohl Chance wie Krise bedeutet. Insbesondere in der Krise dürfen wir die Chance sehen und ergreifen und uns darin weiterentwickeln. Oft ist das natürlich in der jeweiligen Situation für uns nicht ersichtlich, für uns nicht erkennbar. Dass dem jedoch im Leben oft so ist, erkennen wir meist hinterher, wenn die Situation vorüber ist.

Manchmal, in einer stillen Stunde, denke ich über mich und das Leben, das ich bis heute gelebt habe, sowie über das, was bisher war, nach und frage mich selbst für das Hier und Jetzt:

- Wer war ich denn überhaupt vor zehn Jahren? Was machte mich damals aus? Was kennzeichnete mich?
- Wie habe ich mich verändert? In welcher Form? Wie zeigt sich das?
- Wie hat sich meine Persönlichkeit verändert? Wie mein Charakter?
- Wie waren damals mein Denken, mein Fühlen, mein Reden und mein Handeln?

Und ich frage auch in Richtung Zukunft:
- Wer werde ich in zehn Jahren sein? Was wird mich definieren? Wie werde ich mich verändert haben?
- Wird mein Charakter die gleichen Merkmale haben?
- Werde ich anders denken, fühlen, reden und handeln?

Dazu eine kurze Geschichte von der Beständigkeit der Veränderung

Ich erkenne meine persönliche Veränderung oft, wenn ich ein Buch ein zweites Mal lese. Ich neige dazu, in meine Bücher Post-its mit Anmerkungen zu kleben. Lese ich diese kleinen Nachrichten dann Jahre später wieder, erkenne ich, dass ich heute anders denke, fühle, mich positioniere. Oft denke ich: »What? Das hast du damals dazu gedacht? Das war deine Meinung? Gibt's ja gar nicht. Das war eine ganz andere Stephanie. Die kenne ich gar nicht. Diese Stephanie, die das damals geschrieben hat, kommt mir vor wie ein anderer, gar fremder Mensch. Wie gut, Stephanie, dass du dich weiterentwickelt hast und nun die Stephanie bist, die du heute bist – mit allen Ecken und Kanten, mit allen Stärken und auch Schwächen!« Ich persönlich bin froh um diese stete Fort- und Weiterentwicklung.

Geburtstagswünsche wie »Bleib, wie du bist!« finde ich immer ein bisschen gruselig. Bleiben, wie man ist, heißt doch stehen zu bleiben. Heißt, keine Weiterentwicklung zu generieren. Heißt, keinen neuen Raum im Kopf für neue Gedanken, neue Gefühle, neue Träume, neue Wünsche, neue Sehnsüchte, die es zu erfüllen gilt, haben.

Ich kenne allerdings Menschen, die sind irgendwie stehen geblieben. Drei, vier Klassenkameradinnen aus der Grundschule. Vier, fünf Bekannte. Von außen betrachtet, also aus meinem Blickwinkel, haben sie sich nur innerhalb eines winzigen Radius weiterentwickelt. Natürlich ist es an mir, das zu akzeptieren, zu tolerieren und wertzuschätzen. Meine Großmama sagte: »Jeder darf nach seiner Fasson leben.« Und sie sagte berechtigterweise auch: »Des Menschen Wille ist sein Himmelreich!« Klar! Nur für mich kann ich sagen: Ich entwickle mich gern weiter. Jeden Tag. Jedes Jahr. Ich möchte noch so viel lernen. Und ich bin im Übrigen total gespannt, was sich noch so entwickeln wird mit jedem meiner neuen Lebensjahre. Ich empfinde mich als Person als »Work in Progress«.

Ich denke nicht so:

»Menschen sind Baustellen, die sich irrtümlicherweise für abgeschlossen halten.« (Daniel Gilbert)

Ich finde, es gibt – um in der Metapher zu bleiben – an und in uns immer etwas anzubauen, zu erneuern, weiterzuentwickeln. Ich wünsche mir für mich, dass ich nicht eines Tages denke: Ich bin fertig. Nun bin ich gut (genug). Ich hoffe, dass ich es mir erhalten kann, mich immer weiterentwickeln zu wollen.

Möge es auch dir immer so gehen und mögest du niemals die Freude an deiner persönlichen Weiterentwicklung verlieren. Ich wünsche dir, dass du bewusst die Weichen stellen magst für dein kontinuierliches Wachstum, auf deine persönliche Art. Das klingt auch ein bisschen anstrengend? Maybe? Ich finde das jedoch tausendfach besser als Stillstand.

MENSCHLICHE LUFTPUMPEN

ICH HABE KEINE AHNUNG, DAVON ABER VIEL

Früher habe ich mich ganz schön oft extrem beeindrucken lassen. Warum? Ich traf immer wieder einmal auf Menschen, die mich mit ihrem (vermeintlichen) Wissen zu allen möglichen Themen schwer beeindruckt haben. Während einer Unterhaltung quetschte ich mich dann sinnbildlich in eine Ecke, in der ich ernsthaft über meine eigene Intelligenz und mein Wissen nachzudenken begann. Im Vergleich zu diesen Gesprächspartnern erschien mir mein eigener Intellekt, erschienen mir meine eigenen Fähigkeiten auf einmal viel kleiner, als ich bis dato immer gedacht hatte. Heute passiert mir das seltener. Und das liegt nicht daran, dass ich heute nicht mehr selbstkritisch bin. Ich zerfleische mich nur nicht mehr in dem Vergleich mit einem vermeintlich überlegenen Gesprächspartner.

Warum? Erstens gehe ich heute liebevoller, sanfter mit mir um. Zweitens weiß ich, dass die meisten Menschen auch nur mit Wasser kochen. Und drittens kenne ich nun den Dunning-Kruger-Effekt:

1999 stellen die Psychologen David Dunning und Justin Kruger ihre Theorie vor. Um es gleich vorwegzunehmen: Es gibt Kritik an ihrer Arbeit. Ich jedoch glaube an den Effekt. Die Theorie besagt, dass sich gerade wenig kluge Menschen überschätzen, weil sie nicht einmal ahnen, was sie alles nicht wissen. Mein Gegenüber hat folglich von einem Thema wirklich wenig Ahnung, hält sich jedoch für den größten Kenner auf diesem Gebiet. Woran das liegt? Laut den beiden Psychologen sind wir Menschen generell schlecht darin, unser Wissen, unsere Fähigkeiten oder unsere Leistungen realistisch einzuschätzen.

Beispiele dafür kennst du bestimmt genauso viele wie ich:
- Beim Autofahren dozieren manche Fahrer, als ob sie mehrfache Formel-1-Sieger wären.
- Beim Fußball gucken kommentieren manche Zuschauer, als ob sie jahrzehntelang den Fußballweltmeister trainiert hätten.
- In Finanzfragen beraten manche Menschen dich ungefragt und bedrängen dich gleichsam mit Ratschlägen, welche Aktien du unbedingt kaufen musst.
- Bei der Klimakrise diskutieren manche Zeitgenossen, als ob sie in Wetterkunde, Biologie und wer weiß noch etwas habilitiert hätten.

Wir Menschen glauben schnell, uns aufs Beste auszukennen. Schon Shakespeare schrieb in »As you like it« (»Wie es euch gefällt«):

»*The fool doth think he is wise, but the wise man knows himself to be a fool.*«
(Der Narr meint, er sei weise, doch der weise Mann weiß, dass er ein Narr ist.)

Meine Erkenntnisse fürs Leben

- Obacht vor Menschen, die vorgeben, alles zu wissen oder auch in bestimmten Themen die absoluten Kenner zu sein. Oft beinhalten ihre Aussagen mehr heiße Luft als qualifizierte und fundierte Aspekte.
- Ich habe nach wie vor großen Respekt und große Wertschätzung für intelligente Menschen. Ich versuche jedoch, Blender und Aufschneider, »Luftpumpen« zu erkennen.
- Ich bin nach wie vor selbstkritisch: Ich hinterfrage mich im Hinblick auf meinen Intellekt und im Hinblick auf mein eigenes Wissen. Ich schaue und höre in Gesprächen jedoch genauer, viel genauer hin. Ich lasse mich nicht mehr in eine Ecke quetschen und quetsche mich auch selbst nicht mehr in eine hinein.

Auch heute noch treffe ich ab und an beispielsweise auf Kollegen, die sich regelrecht wie ein Pfau vor mir aufplustern. Ich muss dann immer an eine Werbung denken, in der sich zwei Männer gegenübersitzen und sich gegenseitig mit vermeintlichen Erfolgen und Besitztümern überbieten: Mein Auto, mein Haus, meine Jacht, meine Familie! Jeder von beiden will der Größte, der Erfolgreichste, der Wohlhabendste sein. In Gesprächen mit »Pfauen« frage ich mich nun: Womit will mich der Kollege überbieten, gar beeindrucken, mich mich klein fühlen lassen? Ich frage mich, was hinter seinem Gehabe steckt. Seine individuelle Lebensgeschichte? Seine Sozialisierung? Welche seelische Baustelle hat er? Fühlt er sich in Wahrheit klein, unsicher, mangelhaft und macht sich darum so groß, um es zu verbergen?

Ich erinnere mich an meine Großmutter. Die sagte von kleinen Hunden immer, dass die viel mehr bellen müssten, um auf sich aufmerksam zu machen. Große Hunde hätten das nicht nötig, sie seien schon souverän ob ihrer Größe. Sicher ist das eine sehr subjektive Aussage meiner Oma, der auch keine wissenschaftliche Studie zugrunde liegt. Dennoch spiele ich solche »Spielchen« nicht mehr mit. Jeder Mensch hat seine individuelle Lebensgeschichte. Jeder Mensch hat seine Lebensleistungen erbracht. Jeder macht seine Dinge sicherlich so gut er eben kann. Er seine – ich meine. Ich versuche, Menschen auf Augenhöhe zu begegnen, nicht in diesem Gefälle »er von oben herab und ich womöglich unter ihm«. Also versuche ich, die aufgeplusterten Pfauenfedern zu ignorieren und den Menschen dahinter zu erkennen. Meistens kommt da eine Person zum Vorschein, die ganz okay ist, meistens sogar ein feiner Kollege. Es gilt also, hinter die aufgepumpte Fassade zu gucken und den wahren Menschen dahinter »freizulegen« und zu entdecken.

AM NETZ WERKELN

ICH KENNE DICH, DU KENNST MICH. UND NUN?

»There's a special place in hell for women who don't help each other.«
(Madeleine Albright)

Als ich Berufsanfängerin war, gab es noch kein wirkliches Social Networking. Wir schrieben SMS – das war's. Manch einer hatte bereits eine Homepage. Irgendwann kam Facebook, doch das war nie meins. Seit einigen Jahren jedoch habe ich mein berufliches Netzwerk gefunden: LinkedIn. Das nutze ich authentisch, herzlich und auch durchaus fleißig. Zugegeben, ich gucke auch mal bei Insta, TikTok, Twitch oder Pinterest vorbei. Doch nur bei LinkedIn fühle ich mich netzwerktechnisch daheim und insbesondere für meine Berufe inspiriert.

»Soziale Netzwerke sind Online-Medien, die den Austausch von Meinungen, Informationen und Inhalten zwischen bekannten und unbekannten Gleichgesinnten fördern. Als ›sozial‹ werden diese Netzwerke bezeichnet, weil Menschen miteinander einzeln und in Gruppen agieren.« (dorsch.hogrefe.com)

So definiere auch ich mein Netzwerk-Tun. Ich bin dankbar für meine Community, für die entstandenen Bekanntschaften, für die Partnerschaften unter Kollegen, für echte Freundschaften, Interessensgemeinschaften, Teams und sehr lose Bekanntschaften. Ich finde es großartig, miteinander und füreinander zu agieren und somit auch voneinander zu profitieren. Durch die Beiträge lerne ich dazu, entwickle ich mich weiter, lasse ich mich inspirieren. Nun gibt es jedoch – wie bei allem im Leben – auch Schattenseiten. Ich denke, jeder von uns macht auch die eine oder andere besondere Erfahrung im Netz. Manche Personen definieren Netzwerken auf ihre eigene Art und Weise. Sie sehen nicht ein Geben und Nehmen im Vordergrund, ein gegenseitiges Supporten, Unterstützen und Dasein, wenn der andere eine Referenz, eine Empfehlung, einen Tipp oder Ähnliches braucht. Irgendwie schauen bestimmte Personen dann doch eher, wie sie selbst zu »ihrem Recht« kommen, wie sie selbst das »größte Stück vom Kuchen« abbekommen. Wie gehe ich mit solchen Netzwerkern um? Wenn ich diese Einseitigkeit durchschaut habe, denke ich: »Ups, Enttäuschung, im Sinne von: ›Ich habe mich in dieser Person getäuscht‹«. Das ist definitiv nicht schön, jedoch erkenntnisreich. Ich für meinen Teil bleibe bei meiner Definition von »Netzwerken« und somit auch diesbezüglich meinen Werten treu.

Meine Erkenntnisse für das Netz
- Ich bin regelmäßig präsent.
- Ich kommentiere und like Beiträge, beziehe Stellung.
- Ich ediere selbst Beiträge mit dem Ziel, anderen Inspiration, Motivation, manchmal Ermunterung oder auch Wissen zu überreichen.
- Ich empfehle gern Kollegen weiter.
- Ich bilde gern Partnerschaften, um im Team erfolgreicher zu sein als allein.
- Ich teile gern Persönliches, jedoch nie Privates.
- Ich beteilige mich nicht an Allgemeinplätzen und einseitigen politischen Diskussionen.
- Ich melde unsachliche, sexistische, unseriöse Kommentare.

FRÜHJAHRSPUTZ IM KOPF

UND WIE VIELE SCHUBLADEN HAST DU SO?

Obwohl ich wahrhaft versuche, Menschen zu beobachten und nicht zu bewerten, also nicht in geistige Schubladen zu packen, erwische ich mich trotzdem manchmal dabei. Der junge Bursche, der die berühmt-berüchtigten Schwimmsandaletten trägt. Der ältere Herr, der ein Täschchen mit sich trägt. Die junge Frau, die künstliche Wimpern hat, und diejenige, die scheints die Farbe Rosa liebt, weil irgendwie alles an ihr rosa ist, sogar das Auto, in dem sie fährt. Es gibt wohl unendlich viele solcher Schubladen in unserem Kopf, in die wir Mitmenschen einsortieren. Bestimmt gar nicht (immer) mit böser Absicht.

Ein Beispiel

Die Professoren, mit denen ich während meines Lehramtstudiums und dann während meiner Promotion arbeitete, waren optisch unauffällig, hatten »normale« Hobbys und traten insgesamt eher dezent auf. Personen der Wissenschaft, der Lehre eben, die – Anfang der Neunzigerjahre – bestimmte Erwartungen erfüllten. Ich grusele mich grade selbst beim Schreiben dieser Sätze. Vor allen Dingen frage ich mich heute: War das wirklich so oder war das unser Blick als Studentinnen? Lag die Wahrheit gleichsam in unseren Augen als Betrachterinnen? Hatten wir unsere Profs schwuppdiwupp in geistige Schubladen gepackt?

Dieser Tage las ich nun einen Beitrag von einem mir seit Längerem bekannten Professor meines Alters, der mich zum einen durch sein Aussehen und zum anderen wieder einmal durch seine Inhalte für meine Schubladen sensibilisierte. Ein Prof, der den obigen Schilderungen der Professoren von damals so gar nicht entspricht. Und auch wenn wir den Satz hinzufügen: »Die Zeiten haben sich geändert!«, überrascht dieser Prof generell immer noch. Seine Beiträge sind immer etwas provokativ, die Inhalte rütteln wach. Sie regen zum Andersdenken an. Oft findet man unter seinen Beiträgen ein mit den Inhalten korrespondierendes Foto, das ihn beim Fitness oder auf seinem Motorrad zeigt. Er trägt darauf natürlich keinen Anzug, so wie ich es von meinen Profs von früher erinnere, sondern ein verschwitztes Muskelshirt oder seine Motorradkluft. Diese vermeintliche Diskrepanz zu seinem akademischen Titel, seinem Beruf, seinem Intellekt, seiner Reputation wirkt auf mich extrem interessant. Das lässt mich wiederum auf mich selbst blicken.

Lebe ich auch ein paar vermeintliche Diskrepanzen? Ich bin doch auch nicht DIE typische Frau Doktor! Irgendwie geht bei dem Stichwort »Frau Doktor« in meinem Kopf immer noch eine bestimmte Schublade auf: Schwarzes Kostüm, hochgesteckte Haare, dezentes Make-up. (Himmel, woher habe ich dieses »Vorurteil«? Das liest sich wie die Beschreibung der Sekretärin von

James Bond aus den Fünfzigerjahren.) Also passe ich, ähnlich wie dieser von mir beschriebene Prof, mit meinen Tattoos wohl auch nicht so wirklich in die Schublade der Executive Coach, die schon seit zwanzig Jahren sehr ernsthaft, professionell mit seriösen CEOs, Geschäftsführern und Managern arbeitet.

Wo kommen denn nun aber diese unsere Schubladen her? Bei den meisten von uns sicher aus der Erziehung, Sozialisierung, aus dem Umgang mit Peergroups. Wenn die Menschen um mich herum solche bestimmten Schubladen haben, passe ich mich vermutlich gerne an, stecke Menschen, die ich neu kennenlerne, ebenso flott in eine bestimmte Schublade. Erster Eindruck, zack, Schublade im Kopf geht auf, Mensch rein. Puh. Ich halte das für im wahrsten Sinn des Wortes wirklich sehr einschränkend. Wie viele Möglichkeiten wunderbarer Begegnungen verbauen wir uns so. Wie viel mehr Überraschungen würden wir erleben, wenn wir frei von diesen Vor-Urteilen wären und unbefangen, offen, neugierig, wohlwollend auf die Menschen zugingen.

Ich erinnere mich an eine Situation als junge Frau, in der ich ganz bewusst gegen diese inneren Schubladen angetreten bin. Das war, als ich meine zweite große Lebensliebe traf. Er war mein Nachbar und wir kannten uns noch nicht, hatten noch nie miteinander gesprochen. Ich hatte ihn einmal im Hausflur flüchtig gesehen. Und was ich auch gesehen hatte, war, dass er großflächige, sehr bunte sogenannte Hawaihemden mit kurzen Ärmeln liebte – jedenfalls trug er die irgendwie ständig. Das ging in meinem Kopf bezüglich Traummann so gar nicht. Da hätte ich seinerzeit prompt meine Schublade öffnen können: Nachbar rein. Ende. Habe ich jedoch nicht gemacht. Irgendetwas ließ mich bei der ersten Begegnung bewusst die Hawaihemden ausblenden und ... Wow – große Liebe! Die im Übrigen in eine ganz wunderbare, langjährige Beziehung mündete und bis heute eine tiefe Freundschaft mit tiefer innerer Verbundenheit ist.

MEINE ERKENNTNISSE FÜRS LEBEN
- Entstaube und entrümple deine geistigen Schubladen. Beurteile Menschen nicht nach irgendwelchen angeblichen Standards. Zieh vor allen Dingen keine Rückschlüsse von Äußerlichkeiten auf den Charakter, den Intellekt.
- Ziehe bewusst beim ersten, zweiten Eindruck keine voreiligen Schlüsse auf das Wesen dieses Menschen. Wie oft habe ich in der Vergangenheit Personen getroffen, die, bei näherem Hinsehen, im Gespräch so ganz anders, so zauberhaft waren, trotz dieses oder jenes Merkmals, das mir zuerst fremd, unheimlich, suspekt oder was auch immer vorgekommen war.
- Lass dich überraschen! Ich finde es wunderbar, Menschen unbefangen kennenzulernen und sie gleichsam zu entdecken. Oft finde ich es sogar schön, gar nicht zu wissen, was mein Gegenüber beruflich macht, wo er herkommt, mit wem er verheiratet ist. Ich liebe es, dem anderen wie ein »leeres Blatt« gegenübertreten zu dürfen. Ein leeres Blatt, das er dann in unserer Begegnung beschreibt, bemalt.
- Vorurteile sind das, was das Wort sagt: Urteile vor dem wahrhaftigen Kennenlernen. Öffne dich lieber deinem Gegenüber: Guck richtig hin, hör gut zu. Lerne diesen Menschen richtig respektive besser kennen.

NUR DIE HARTEN KOMMEN IN DEN GARTEN

VON GLAUBENSSÄTZEN UND EINEM WINK MIT DEM ZAUNPFAHL

Als Kind und Jugendliche bin ich mit Sätzen aufgewachsen, die lauteten: »Wer feiern kann, kann auch arbeiten«, »Erst die Arbeit, dann das Vergnügen«, »Ohne Fleiß kein Preis«, »Nur die Harten kommen in den Garten«, »Wer nicht tagtäglich etwas leistet, ist nix wert«, »Ein Indianer kennt keinen Schmerz«, »Lieber tot als Bronze«, »Kinder wie Mücken, haben die auch einen Rücken«, »Schlafen kannst du, wenn du tot bist«. Diese Redewendungen formten sich zu sehr beständigen, stabilen Glaubenssätzen in meinem Kopf. Nach diesen Aussagen habe ich dann auch lange gelebt respektive gearbeitet. Fleißig, sehr ehrgeizig, immer über meine körperlichen Grenzen gehend. Wenn es etwas zu feiern gab, habe ich natürlich mitgefeiert, schließlich liebe ich das Leben und die Menschen. Ich bin jedoch genauso selbstverständlich dann am nächsten Morgen aufgestanden. Im Gegensatz zu manchen meiner Freunde, die sich dann auch mal eine Auszeit nahmen, bin ich immer brav und hoch motiviert aus dem Bett gehüpft, um zu arbeiten. So gehörte sich das schließlich! Schwäche zeigen gab es nicht. Um Hilfe bitten gab es nicht, sich beklagen oder jammern gab es nicht, Nein sagen gab es erst recht nicht.

In meiner Zeit als Fernsehmoderatorin musste ich besonders diszipliniert sein. Ich habe einige Jahre Frühsendungen moderiert. Das bedeutete, um zwei Uhr in der Früh aufstehen, auf die Autobahn und zum Fernsehsender fahren, um dann, nach Maske und Vorbesprechung, um sechs Uhr live on air zu gehen. Extrem heftig war mein Verhalten, wenn ich besonders lange ausgegangen war und gar nicht mehr zum Schlafen kam, sondern nur duschte, mich umzog und sodann zur Arbeit fuhr. Das bedeutete manchmal zwei Nächte in Folge ohne Schlaf. Ich lebte ein reiches, jedoch auch sehr diszipliniertes, vollgepacktes Leben mit der vermeintlichen Balance aus Privatleben und Beruf. Was dabei jedoch total auf der Strecke blieb, war mein Körper, war meine Gesundheit. Ich bekam in diesen Jahren definitiv zu wenig Schlaf, zu wenig frische Luft, zu wenig gesundes Essen. Zeit für Sport nahm ich mir immer. Ich gab mir allerdings zu wenig Selbstfürsorge. Kümmerte mich zu wenig um meine Gesundheit. Meinen Körper und auch meinen Geist betrachtete ich viel zu lange als »arbeitende Maschinen«, die zu funktionieren hatten. Ich fragte beinah nie nach Unterstützung, nach Hilfe, nach Support. In meinen Augen konnte »ein großes Mädchen wie ich« alles allein.

Rückblickend ist alles gut. Ich bereue nichts, obwohl ich weiß, dass ich damals unklug agierte. Doch ich war der Meinung, es wäre in Ordnung so. Vielleicht dachte ich sogar ernsthaft, dass müsste so sein. Heute bin ich etwas lebensklüger und weiß: Wenn einem die Puste ausgeht, sollte man langsamer machen. Die Voraussetzung ist allerdings, dass wir es merken.

Und die Voraussetzung dafür ist wiederum, dass wir bewusst auf uns achten und somit sehen, dass uns die Puste ausgeht. Grundlegend ist, dass wir ein Bewusstsein dafür entwickeln, dass wir einer wirklich gesunden Balance bedürfen. Auch heute performe ich immer noch sehr gern, bin gern fleißig. Doch ich gehe definitiv viel seltener ernsthaft über meine Grenzen. Ich versuche, auf die Signale meines Körpers und meines Geistes zu hören. Das gelingt mir. Nicht immer, doch immer öfter.

Denn: »Damit Musik erklingt, braucht es Luft!« (N. N.)

Im letzten Jahr brauchte ich zum Beispiel öfter eine Verschnaufpause, also eine kleine bis mittlere Pause. Zum Beispiel bei einer kleinen Operation in der Uniklinik. Nichts Tragisches, eher etwas Routinemäßiges bei einer Frau in meinem Alter. Die Diagnose war gestellt, der OP-Termin stand fest. Mein Mann fuhr mich am OP-Tag in aller Früh in die Uniklinik. Und ich? Ich habe mich – trotz gehörigen Respekts vor dem Eingriff – irgendwie auch auf diesen Tag, diese Auszeit gefreut. Warum? Weil man mir gesagt hat, dass ich die erste Patientin im OP sein würde und nach dem Eingriff – wenn alles gut gegangen sei – in einem Einzelzimmer in der Tagesklinik liegen und ausruhen dürfe. In meinen Augen eine echte Form von Luxus: Nichts, was es zu tun gab. Nichts, wo ich zu sein hatte. Leider machte mir die Tagesklinik einen gehörigen Strich durch die Rechnung. Nachdem ich bereits um zehn Uhr kreislaufmäßig wieder stabil war, allein aufstehen und auch etwas essen und trinken konnte, wurde ich flugs nach Hause entlassen. Bingo, der Alltag hatte mich wieder. Inzwischen hatte ich aber in meinem Leben etwas begriffen, etwas gelernt: Es ist besser, ab und zu eine kleine Pause zu machen. Sonst zwingt dich das Leben irgendwann zu einer größeren Pause.

Die Umsetzung daheim erfolgte folgendermaßen: Ich habe den ganzen Tag gelegen und auch die ganze Woche danach bewusst einen Gang heruntergeschaltet.

Kleine Bemerkung am Rande: Ich bin sehr dankbar für das tolle Krankenhausteam, die Unterstützung, die liebevolle Umsorgung und Versorgung. Ich empfinde solche Dinge als nicht selbstverständlich. Und ich bin dankbar, dass ich den Wink mit dem Zaunpfahl für mein Leben wahrgenommen habe: »Hallo! Ich bin es – dein Körper! Mach mal Pause!« Nach dem Zaunpfahl kommt nämlich, wenn wir ihn geflissentlich übersehen wollen, der ungleich größere Straßenpfeiler. Und das ist nicht so angenehm! Manchmal werden wir dann nämlich ernsthaft krank. Meine Erfahrung ist auch, dass das Leben uns diesbezüglich gleichsam sehr langmütig immer wieder kleine Warnungen schickt, fast wie kleine Stolpersteine. Wollen wir diese jedoch nicht sehen, knallt das Leben uns irgendwann einen Felsbrocken vor die Füße. Und dann können wir schauen, wie wir den wieder entfernt bekommen.

Meine Erkenntnisse fürs Leben

- Mach Pausen! Klingt banal, ist jedoch im Prinzip genial: Nichts im Leben funktioniert ohne Pause. Sogar unser Herz, das andauernd schlägt und arbeitet, macht Minipausen. Wir brauchen folglich auch Pausen.
- Sieh den Zaunpfahl! Handle adäquat. Warte nicht, bis das Leben dir irgendwann den Straßenpfeiler oder gar den Felsbrocken vor die Nase schmeißt.
- Erkenne deine körperlichen und mentalen Grenzen! Überschreite diese nicht. Zumindest nicht zu oft. Ruhe dich aus. Suche dir einen Ausgleich.
- Sei nicht vermeintlich »tapfer«, wenn du Schmerzen spürst! Indianer kennen Schmerzen – du auch. Gib deinem Körper, deinem Geist eine Auszeit. Schone ihn dann.
- Bronze ist auch toll! Sei dir nach deiner Performance gewiss, dass du deine Leistung so gut erbracht hast, wie du konntest. Du hast in dieser Situation dein Bestes gegeben.
- Gestehe dir Schwächen zu! Auch der Stärkste darf einmal Schwäche zeigen. Auch Riesen, Superhelden schlafen, essen, gucken in die Luft. Das sieht man als Zuschauer dieser Filme nur nicht.
- Nimm Unterstützung an! Support, Hilfe erhalten ist gut, richtig und ganz gewiss erlaubt. Du musst nicht alles im Alleingang schaffen. Und es ist erwiesen, dass Menschen gern helfen.
- Eine gesunde Lebensbalance wirkt nachhaltig. Sie hält deinen Körper und deinen Geist langfristig gesund und auch leistungsfähig.
- Muße ist produktiv! Probiere es einmal aus. Mir kommen in der Badewanne, beim Sport, beim In-die-Luft-Gucken, beim Am-Meer-sitzen die tollsten Ideen. Fühlt der Geist sich befreit, kann er sich wieder mit kreativen Inhalten füllen. Und das tut er!
- Von wegen »nur die Harten kommen in den Garten«. Es gilt eher: Anstrengung und Ehrgeiz sind okay, aber achte auf jeden Wink mit dem Zaunpfahl!

ENTDECKE, WAS DU FÜHLST

WEIL WIR MÄDCHEN SIND

IST FLUCHEN DA ÜBERHAUPT ERLAUBT?

Vielleicht bist du ähnlich sozialisiert wie ich: Mädchen, Frauen dürfen absolut ihr Ding machen. Wir können Astronautin werden, Kanzlerin, Präsidentin der Vereinigten Staaten, Herzchirurgin, Weltmeisterin in diesem und jenem. Wir können beruflich also dieselben Felder belegen wie die Jungs. Im Bereich der kommunikativen, emotionalen und sozialen Skills besetzen wir jedoch insbesondere folgende Felder:

- Wir sind besonders sensibel.
- Wir sind extrem empathisch.
- Wir sorgen für Harmonie.
- Wir sind fürsorglich.
- Wir übernehmen die Verantwortung für gute Kommunikation.
- Wir übernehmen die Verantwortung für eine liebevolle Atmosphäre.
- Wir schlichten Streits.
- Wir beugen Streits vor.

Jedoch war es in meiner Jugend als Mädchen nicht erlaubt:
- vehement Kontra zu geben,
- sich konsequent zu positionieren,
- wütend zu sein,
- aggressiv zu sein,
- stur zu sein,
- dickköpfig zu sein,
- Nein zu sagen,
- sich abzugrenzen,
- Grenzen zu setzen,
- dominant zu sein.

Daher habe ich es nicht wirklich gelernt. Ich habe zum Beispiel immer danach gelebt, dass man seinen Eltern gegenüber nicht laut wird. Und seinen Großeltern gegenüber schon mal gar nicht. Onkeln, Tanten gegenüber gehörte sich das ebenso wenig. Widerworte waren tabu. Irgendwie war Papas Wort Gesetz. Später, als mein Vater verstorben war, galt Mamas Wort als Gesetz.

Genauso in mir verankert war der mir anerzogene absolute Respekt älteren Menschen gegenüber. Ich meine nicht Höflichkeit, denn ich stehe immer noch auf, wenn jemand Älteres einen Platz sucht, und ich helfe auch gerne, wenn ein älterer Mensch Unterstützung braucht. By the way freue ich mich genauso, wenn mir ein Teenie seinen freien Platz gibt oder Ähnliches ;-).

Nach ausführlichem »autodidaktischem Selbststudium« sowie aus meinen Erfahrungen als junge Frau, Ehefrau, Mutter, Tochter, Bonusmutter, mehrfache Schwiegermutter, Granny, Freundin habe ich jedoch gelernt, dass auch ich als Frau wütend sein darf, zornig sein darf, dass ich eine andere Meinung haben darf, dass ich Widerworte geben darf, dass ich sogar schlechte Laune haben darf, Nein sagen und damit Grenzen setzen darf. Ich bin als Frau nicht auf die »sanften, soften« Töne beschränkt. Ich bin nicht immer verantwortlich für die gute Atmosphäre, für die liebevolle Stimmung. Das darf gerne auch mal ein Mann übernehmen. Ich fühle mich heute auch und gerade im Hinblick auf meine Gefühle durchaus auf Augenhöhe mit den Männern.

Darum gebe ich heute von Herzen gern, insbesondere an weibliche Coachees und so auch an dich dies weiter:

- Alle, wirklich alle Emotionen sind erlaubt. Nicht nur die sogenannten positiven. Du darfst ebenso die sogenannten negativen fühlen, leben, ausleben.
- Schau dir deine Emotionen an, im Sinne von: »fühl in dich hinein und lasse sie bewusst zu«.
- Schau dir an, welche Bedürfnisse hinter diesen deinen Emotionen stecken.
- Schau, inwiefern du diese Emotionen kanalisieren kannst. Ein Wutausbruch per se ist nicht schlecht oder schlimm. Nach Überwindung der Trotzphase mit dem circa vierten Lebensjahr sollten wir uns jedoch nicht mehr im Supermarkt auf den Fußboden werfen, wahllos herumschreien oder Ähnliches.
- Schau dir an, ob du diese deine Bedürfnisse befriedigen kannst.
- Befriedige deine Bedürfnisse, suche das Gespräch, äußere einen Wunsch, eine Bitte, eine klare Forderung.
- Finde eventuell Wege, zu kompensieren. Mir hilft zum Beispiel das Kickboxen. Das kontrollierte Auspowern am Boxsack tut keinem weh und mir geht es in besonderen Situationen danach viel besser.

Dazu eine kurze Geschichte

Bei uns daheim stehen die Getränke im Keller. Unsere Küche ist im ersten Stock des Hauses. Unsere verabredete Regel ist, dass jeder, der eine leere Flasche hat, sie in den Keller bringt und im Gegenzug dazu wieder eine volle mit hochnimmt. Nun stehen immer wieder gefühlt zehn leere Flaschen in der Küche. Warum auch immer triggert mich das. Was geschieht? Ich sehe die Flaschen, werde irgendwie wütend und grummle so etwas wie: »Bin ich denn hier die staatlich geprüfte Flaschenrunterbringerin? Immer ich? Das kann ja wohl nicht sein.« Ob berechtigt oder nicht, mein Gefühl ist da, mein Bedürfnis rumzumotzen auch. Natürlich beherrsche ich mich und versuche, es nicht zu tun. Doch, ganz ehrlich: Das gelingt mir nicht immer und ich finde das irgendwie auch okay so. Schließlich bin ich sonst eine überwiegend beherrschte Frau. Kleinigkeiten wie leere Flaschen in der Küche sollten mich nicht aus der Ruhe bringen. Ich weiß nicht, warum mich das dennoch so triggert. Doch es ist halt, wie es ist.

Ich sehe darin auch keinen wirklichen Grund, einen Psychologen aufzusuchen, sondern betrachte die Sache und auch mich dabei mit Humor und Selbstironie. Ich nehme das Getriggertsein also als gegeben an, versuche jedoch, um meiner Familie und »um des lieben Friedens Willen« adäquat damit umzugehen.

Problem erkannt, zwar nicht gebannt, doch einen Weg gefunden, mich mit den Gefühlen, die zu mir gehören, anzunehmen und damit umzugehen.

Mein Fazit

Sozialisierung hin oder her: Ich gehöre als Frau nicht in die Soft-Skill-gute-Gefühle-Ecke. Ich habe genauso die gesamte Palette von Gefühlen in mir wie ein Mann und darf sie auch ausleben, allerdings altersadäquat: Sich als Vierjährige mit einem Trotzanfall auf den Boden des Supermarkts zu schmeißen, ist okay. Das als erwachsene Frau zu tun, ist nicht okay.

UNSER LEBEN LANG MÜSSEN WIR IRGENDETWAS LOSLASSEN

UND MANCHMAL IRGENDJEMANDEN

In Interviews, Podcasts oder Gesprächen werde ich manchmal nach meinem Lieblingssatz, meinem Lebensmotto gefragt. Ich habe zwei Sätze, die mir sehr viel bedeuten. Einer davon stammt aus der Bibel und lautet: »Alles hat seine Zeit«. Vielleicht kennst du auch das folgende berührende Zitat dazu: »Ein jegliches hat seine Zeit, und alles Vorhaben unter dem Himmel hat seine Stunde: Geboren werden hat seine Zeit, sterben hat seine Zeit, [...] weinen hat seine Zeit, lachen hat seine Zeit [...]«. (Bibel nach Martin Luthers Übersetzung, revidiert 2017)

Damit ist gemeint, dass es im Leben Höhen und Tiefen gibt, schöne Zeiten, weniger schöne Zeiten, Ups und Downs, Erfolge, Misserfolge. Ich weiß, dass auch das Loslassen seine Zeit hat, und ich habe in meinem Leben schon oft losgelassen oder bin losgelassen worden. Meist habe ich mich in solchen Situationen an den Sätzen kluger Menschen orientiert. Denn ich liebe Sprichwörter, Sentenzen, Metaphern! Ruth Cohn hat einen sehr prägnanten Satz zu dem Thema Loslassen geprägt:

»*Loslassen, wenn die Zeit gekommen ist, ist eine lebenslängliche Aufgabe.*« (Ruth Cohn)

Nun läuft das Leben bekanntlich nicht nach einem Drehbuch ab, das wir bei unserer Geburt mitbekommen haben. Nach dem Motto:»So, liebe xy, das ist dein Lebensbuch. Darin steht, was wann so passieren wird in deinem Leben und wie du damit umzugehen hast.« Quasi eine Art Gebrauchsanweisung, am besten noch mit Bildern, so wie wir es zum Aufbau von Möbeln hervorragend von einem schwedischen Möbelhaus umgesetzt wissen (oder auch nicht!). Für das Leben ist typisch, dass es eher im Modus Learning by Doing abläuft. So rutschen wir oftmals von einer Lebenssituation in die nächste und können dann gucken, wie wir damit klarkommen. In der Vergangenheit hat das in meinem Leben auch ganz gut funktioniert. Das Leben hat mir – gleichsam wie mal eben aus dem Ärmel geschüttelt – Themen serviert wie:

- früher Tod des Papas,
- früher Tod des Stiefvaters,
- Beziehungen sind zerbrochen,
- Freundschaften haben sich aufgelöst,
- Geschäftsbeziehungen erwiesen sich als nicht tragfähig,
- Erwartungen wurden enttäuscht (wobei du bereits gelesen hast, dass ich glaube, dass das gut ist, weil dann jeweils in Wahrheit eine Täuschung aufgelöst wurde),

- Träume erwiesen sich als Schäume,
- Menschen entpuppten sich als weniger großartig, als ich ursprünglich gedacht hatte,
- Hoffnungen wurden nicht erfüllt,
- Aufgaben waren viel schwerer als gedacht.

Derzeit strudle ich jedoch in einem Meer von Emotionen. Irgendwie funktioniert das nicht mehr so gut mit dem Prinzip Learning by Doing respektive das Learning dauert irgendwie an. Warum? Ich muss meine Mama gehen lassen. Vielleicht fragst du dich nun, ob ein solch trauriges Thema hier wirklich von mir angesprochen werden sollte. Doch ich habe dir versprochen, dass ich dir von und aus meinem Leben erzähle und somit von den damit verbundenen Herausforderungen, damit du für dich, falls das Leben dir eine ähnliche Aufgabe stellt, mit etwas Glück schon einen Lösungsweg siehst. Nicht so schöne Situationen gehören eben auch zu mir und meinem Leben. Eventuell kannst du dich damit identifizieren und wir lernen so gemeinsam etwas.

Was geschieht also gerade mit mir in der Situation, in der ich meine Mama loslassen, gehen lassen muss? Kurzum: Ich versuche die Balance zu finden zwischen Trauer und Verlust und dem rationalen sowie emotionalen Annehmen dieser Situation. Ich habe im Moment das Gefühl, als säßen zwei Männchen auf meinen Schultern. Das eine Männchen flüstert mir zu: »Stephanie, deine Mama ist alt. Sie ist schon lange krank. Sie hatte ein gutes Leben. Ihr seid gut miteinander. Lass sie gehen. Es ist gut.« Das andere Männchen flüstert: »Stephanie, deine Mama mag noch hierbleiben. Du darfst darum bitten, dass sie das auch tut. Du darfst so sehr traurig sein. Es darf dich gleichsam aus den Socken hauen. Du darfst dich am Boden zerstört fühlen. Es ist deine Mama!« Und nun? Wie kann man damit umgehen?

Meine Erkenntnisse fürs Leben

Ich darf als Mensch beim Learning by Doing gleichsam ins Schleudern geraten. Ich darf schlingern und mich als fragil und labil wahrnehmen. Ich darf anerkennen, dass dies eine extreme Lernsituation für mich ist. Der Coach wird gleichsam zum Coachee. Ich kenne so viele tolle, inspirierende, motivierende, aufbauende, tröstende Tools. Doch irgendwie wirken sie bei mir gerade gar nicht.

Es gibt wohl kein »richtig oder falsch« im Hinblick auf unsere extremen Gefühle in solchen Situationen. Darum habe ich für mich beschlossen: Ich erlaube mir folglich alle Gefühle: unendliche Traurigkeit, Desorientierung, Disbalance, Niedergeschlagenheit, Wehmut, Nostalgie, Erschöpfung, Müdigkeit, Ausgebranntsein.

Ich kommuniziere offen, wahr und klar (natürlich nur bestimmten Menschen gegenüber und in adäquaten Situationen), dass ich in einer besonderen Lebenssituation bin. Ich zeige mich – trotz der Stärke und Contenance, die andere Menschen von mir kennen – als ebenso verletzlich wie jede andere Frau, jeder andere Mensch. Ich lasse erkennen, dass ich gleichsam erschüttert bin in meinen Grundfesten. Ich reiße mich nur bedingt zusammen. Das spart Kraft und Ressourcen.

Ich bin dankbar und demütig und nehme bewusst die mentalen Filme wahr, die immer wieder vor meinem inneren Auge ablaufen. Es sind Erinnerungen an frühere gemeinsame Zeiten, an unsere gemeinsamen Erlebnisse, an unsere besonderen Momente. Der plötzliche Tod meines Vaters, ihres Ehemannes. Mein Abitur. Der Abschied von unserem Hund. Enka, so hieß unsere Hündin, war sehr krank, wir mussten sie einschläfern lassen. Mein erstes Auto (klein, rot wie ein Fliegenpilz, »schnelle« fünfundfünfzig PS). Meine erste Wohnung an meinem Studienort. (Ich habe nach dem Umzug dort intuitiv alle Handtücher so eingeräumt wie meine Mutter bei uns zu Hause. Als wir das gesehen haben, haben wir beide uns fast schlapp gelacht. À la: »Du bist genau wie deine Mutter!«) Ich traue mich, die Gefühle, die schönen sowie die traurigen, wehmütigen, die mit diesen inneren Filmen aufkommen, auszuhalten, ihnen zu begegnen, ihnen standzuhalten.

Ich versuche, in Liebe die Entscheidungen meiner Mama zu respektieren, die letztlich in diese ihre heutige Situation geführt haben. Was ich damit meine? Einige ältere, alte Menschen sind wohl etwas beratungsresistent. (Hilfe! Vielleicht werden wir alle einmal so!). Sie wollen unbedingt so weiterleben, wie sie es die letzten Jahre gemacht haben. Eine Veränderung, gar ein Umzug scheint für sie inakzeptabel. So war es auch bei meiner Mama. Sie wollte unbedingt in ihrem Ort in Norddeutschland (weit weg von mir in Hessen) und in ihrer Wohnung bleiben. Das, obwohl sie bereits in jeder Hinsicht Unterstützung gebraucht hätte. Ich bin manchmal täglich gefühlt tausend Tode gestorben vor Sorge um sie. Doch sie beharrte auf ihrer Meinung. So sind wir gleichsam sehenden Auges in eine Situation geraten, die schließlich in eine kleine Katastrophe für meine Mama mündete. Sie fiel draußen hin, war verletzt und komplett verwirrt. Eine Nachbarin fand sie und sie wurde in ein Krankenhaus gebracht. Und der physische und psychische Verfall begann. Für mich ein echtes emotionales Drama. Nützt jedoch nichts. Ich muss das akzeptieren.

Von Herzen und in Liebe und Dankbarkeit (ich hoffe, du findest diese Formulierung nicht kitschig; ich kann mit keinen anderen Worten meine Befindlichkeit ausdrücken) denke ich nun sehr oft und gerne an einen Satz, den meine Mama häufig gesagt hat und dessen Tragweite ich heute noch viel besser verstehe als jemals zuvor:

»Leuchtende Tage. Nicht weinen, dass sie vorüber. Lächeln, dass sie gewesen.« (Konfuzius)

Ich lächle und lerne. So ist das Leben: Learning by Doing. Ich wünsche dir viele leuchtende Tage. Genieße sie ganz bewusst. Wisse, dass kein Tag wiederkommt. Jeder einzelne ist ein Unikat. Alles, was du an einem einzelnen Tag erlebst, ist einzigartig. Es ist wahrlich nicht wie im Theater: Im echten Leben gibt es weder Proben noch eine Premiere, es gibt auch keine Wiederholungen. Es gibt dafür das Jetzt, das Nun, das Hier – zumindest so viel ich weiß.

MEMORIES ...

DANKBAR DAS JEWEILS BESTE IM JETZT SEHEN

Die Fotoalben meiner Kindheit sehen so aus: außen Leder, innen ausgedruckte Bilder, Sätze in der Handschrift meiner Mama unter den Bildern, die die gezeigte Situation erläutern, Seidenpapier zwischen den Seiten, ab und an ein getrocknetes Blatt oder Blümchen – in der jeweiligen Situation damals gepflückt. Schaue ich diese heute mit meiner Tochter an, gibt es jeweils großes Gelächter und viel Spaß: »What? Das bist du? Du hast ausgesehen wie xy. Ich schmeiß mich weg!«

Vielleicht kennst du auch Lebensmomente, in denen du an deine Schubladen, Vitrinen, in den Keller, auf den Speicher gehst, um alte Fotoalben herauszukramen, die Bilder von anno dazumal anzuschauen. Ich habe das gestern wieder einmal gemacht. Dieses Mal ganz allein. Wieder einmal habe ich zunächst für mich festgestellt, dass Fotos für mich wie »Merkkarten des Wissens« sind. Was meine ich damit? Du schaust darauf, und zack bist du wieder in der gezeigten Situation von damals. Sukzessive kommt die Erinnerung hoch. Zum einen an die Situation als solche, zum anderen an das, was mit der gezeigten Situation zu tun hat: Du riechst die Gerüche von damals, du schmeckst die Gerichte, die du damals gegessen hast, du spürst die anderen Menschen auf dem Bild, du denkst sogar die Gedanken, die du damals hattest, du fühlst die Emotionen, du erinnerst den Inhalt der Gespräche.

Insbesondere das Wieder-Fühlen von Emotionen beeindruckt mich immer wieder sehr. Manchmal stelle ich mir dann im Nachgang im Selbstgespräch Fragen zu meinem Leben. Zum Beispiel auch die ganz große, wie es denn sein kann, dass ich, auf dem Bild gerade noch drei Jahre alt, nun gaaanz plötzlich sechsundfünfzig bin.

Meine Erkenntnisse fürs Leben

- Himmel, ich bin so dankbar. Ich mag mein Leben, es ist gut.
- Im Rückblick, mit meinem Wissen von heute, waren alle, wirklich alle Situationen, die ich erlebt und durchlebt und auch durchlitten habe, eine Art von Lebensschule und die Menschen eine Art Lehrer.
- Ich bin auch demütig. Hätte ja auch sein können, dass ich in einem anderen Land, zu einer anderen Zeit geboren worden wäre, und dann hätte ich eventuell ein weniger gutes Leben gehabt.
- Ich bin glücklich, da zu sein, wo ich heute bin. Dankbar, die zu sein, die ich heute bin. Froh, mit den Menschen zu sein, die in unterschiedlichster Form mit mir sind.
- Ich blicke wirklich niemals zurück mit einem »Hätte ich mal damals ...«. Das bringt mich nicht weiter. Im Gegenteil. Folglich unterlasse ich es.
- Ich habe aufgehört, mich zu vergleichen im Sinne von: »Die ist klüger, sympathischer, erfolgreicher, schöner, whatever.«

Nicht weil ich denke, ich sei so toll. Sondern deswegen, weil ich nur mich habe, meinen Geist, meinen Körper. Also bin ich gerne mal zufrieden mit dem mir Mitgegebenen. Zufrieden, dass mein Geist und mein Körper so großartig funktionieren. Nicht selbstverständlich!

- Es gibt nicht mehr so viel, vor dem ich Angst habe. Ich denke mir in so vielen Situationen: Wenn da draußen auch nur einer ist, der solch eine Situation bereits gewuppt hat, dann kannst du das auch. Geh weiter. Versuche es!
- Mir ist nichts Menschliches mehr fremd. Das heißt, ich habe Menschen in Situationen erlebt, von denen ich gedacht habe, dass es das nicht gibt. Doch wie der Volksmund schon sagt: »Es gibt nichts, was es nicht gibt.«
- Ich habe (noch) Träume. Welche? Zum Beispiel Reisen auf griechische Inseln, Tanzen mit einem Profitänzer, Italienisch lernen (wobei das eher ein Ziel ist, oder?), ganz oft ins Theater gehen, eine Aufführung in Verona sehen, ganz viel am Meer sitzen.
- Und ich glaube jeden Tag erneut daran: The Best Is Yet to Come! Auch für dich eventuell ein Motto, ein Mindset, eine Philosophie. Wie schön lebt es sich, wenn wir dankbar das jeweils Beste im Jetzt sehen und freudig an das noch Bessere glauben. Dann ist kein Platz für Negativität, Pessimismus und Demotivation. Dann ist nur Platz für Zuversicht, Freude und Offenheit.

DER INNERE KOMPASS

HERZ ODER HIRN?

In einem gewissen Alter können wir wohl alle von uns sagen, dass wir beinahe jede Emotion ein- oder mehrmals durchlebt haben: Trauer, Leid, Kummer, Sorgen, Ängste, Wut, Vorfreude, Freude, Glück, Zufriedenheit, Liebe, Dankbarkeit, Demut, Hoffnung, Stolz, Ehrfurcht. Die Frage ist, ob wir diese verschiedenen Emotionen auch bewusst wahr- und angenommen haben. Denn durch diese diversen Emotionen haben wir die wertvolle Möglichkeit, einen authentischen, respektvollen und achtsamen Umgang mit uns zu entwickeln. Diese Emotionen sind die Basis für unsere Entscheidungen und unsere Urteile. Ebenso sind sie der Kompass durch unser Leben. Was meine ich damit? Schauen wir einmal auf den Volksmund, auf uns bekannte Sprichwörter:

- Wir platzen vor Wut.
- Uns platzt der Kragen.
- Uns läuft die Galle über.
- Uns läuft eine Laus über die Leber.
- Uns ist etwas auf den Magen geschlagen.

- Uns platzt der Kopf.
- Das sitzt uns im Nacken.
- Daran haben wir schwer zu tragen.
- Wir haben nah am Wasser gebaut.
- Wir sind himmelhoch jauchzend und zu Tode betrübt.
- Wir sind blind vor Liebe.
- Dafür sind wir taub.

Als junge Frau wusste ich davon noch nicht so viel. Heute versuche ich, »mit dem Geist zu fühlen und mit dem Herz zu denken« (nach Theodor Fontane). Als geerdete, pragmatische, im Leben stehende Frau bedeutet das: den Kopf einschalten (auch ein Satz aus dem Volksmund), dabei jedoch nicht versäumen, auf die damit einhergehenden Gefühle zu achten. Ich versuche also, Kopf und Herz in einen bewussten Dialog zu bringen.

Ein Beispiel

Eine Werbeagentur fragt mich nach einer Zusammenarbeit. Ich prüfe die Fakten. Eruiere die Sachlage. Überprüfe den Status quo. Passt wohl alles. Doch irgendwie »grummelt etwas in meinem Bauch«. Irgendwie fühlt sich eine Entscheidung für die Zusammenarbeit mit dieser Agentur nicht richtig gut an. Somit spüre ich nach: Woran könnte das liegen? An meinem Gesprächspartner? Am Internetauftritt? An den Erwartungen, die an mich gestellt werden? Bei mir war es immer so und ist es bis zum heutigen Tag: Mein Herz hat meist das letzte Wort. Mein Bauchgefühl ist das Zünglein an der Waage für meine Entscheidung. Denn erst wenn sich ein gutes Gefühl einstellt, finde ich meine Entscheidung stimmig. Fühlt sich eine Entscheidung »zu schwer« an, kann ich vielleicht »die Last nicht tragen«, habe ich »die Nase voll« von solchen Situationen? Wenn meine eigene Antwort darauf »Ja!« lautet, ist das mein innerer Kompass, der mir den Weg weist, dass gerade das nicht mein Weg ist und es einen anderen geben muss.

Meine Erkenntnisse fürs Leben

- Kopf und Herz müssen miteinander einhergehen. Wenn zwar alle Fakten passen, die objektiv gesehene Sachlage stimmt, doch der Bauch, das Gefühl ungut ist, dürfen wir das als Zeichen werten, dass uns unser Unterbewusstsein, unsere Erfahrung auf etwas hinweisen möchte.
- Achte darum bewusst auf dein Bauchgefühl. Fühle dich in die Situation hinein.
- Spüre nach, was dir »dein Bauch« sagen möchte. Welches Zeichen möchte er dir eventuell geben? Worauf möchte er dich vielleicht aufmerksam machen?
- Trau dich, deinem Bauchgefühl zu vertrauen. Auch wenn dein Kopf, deine Ratio dir andere Antworten gibt. Meiner Erfahrung nach ist der Bauch »ein kluger Kopf«!
- Wenn du dann eine Entscheidung getroffen hast, sei fein damit. Beende den Findungsprozess. Schließe das Thema Entscheidungssuche ab. Geh weiter in deinem Tun.

KEINER MAG SIE, TROTZDEM SIND SIE DA

DIE »SCHLECHTEN« GEFÜHLE

Sehr oft erläutern mir im Coaching oder Mentoring Menschen, dass sie sogenannte schlechte Gefühle haben. Es ist dann immer hilfreich für unsere Arbeit, »schlecht« zunächst zu definieren. Daher frage ich dann stets, welche Gefühle denn, nach Meinung meiner Coachees, so schlecht sind. In den meisten Fällen empfinden wir Menschen unsere Unsicherheiten, Ängste, Vorbehalte, Missstimmungen als schlechte Gefühle. Wir wollen diese Signale des Unbewussten nicht haben. Deshalb ignorieren wir sie oder versuchen es zumindest. Ähnlich haben wir uns als kleine Kinder beim Versteckspielen verhalten: Wir hielten uns die Augen zu, in der vermeintlichen Gewissheit, dass das andere Kind uns nun auch nicht sieht. Ein kindlicher Trugschluss! Genauso ist es ein Trugschluss von Erwachsenen, zu glauben, wir könnten schlechte, unangenehme Gefühle ignorieren. Oder zu glauben, das Unangenehme wäre einfach nicht da. Viele von uns versuchen vielleicht auch, innerlich gegen die nicht willkommenen Gefühle anzukämpfen. Sie wollen schnellstmöglich in eine andere, bessere Gefühlslage wechseln. Manchmal fragen mich Coachees in ihrem Unbehagen, ob ich denn solche schlechten Gefühle auch hätte. Oh ja! Auch ich kenne natürlich Unsicherheiten, Ängste, Vorbehalte, Ver- und Missstimmungen, und zwar aus vielfachem eigenem Erleben. Du willst es genauer wissen?

Ein Beispiel

Vor großen Moderationen fühle ich immer noch Aufgeregtheit. Dann frage ich mich tatsächlich immer mal wieder, ob ich dieses Moderieren, das ich immerhin recht erfolgreich seit fast dreißig Jahren mache, überhaupt kann. Ich frage mich, ob ich diesen Job, der in wenigen Sekunden beginnen wird und auf den ich mich gründlich und lange vorbereitet habe, tatsächlich erfolgreich wuppen kann. Da sitzt auch nach drei Jahrzehnten Bühnenerfahrung noch ein kleines, missgünstiges Wesen auf meiner Schulter und hinterfragt meine Kompetenz: »Na, ich weiß nicht, ob du das hier so hinbekommst. Vielleicht ist das hier 'ne Nummer zu groß für dich. Vielleicht überschätzt du dich. Eventuell, oder warte mal: ganz sicher hätten die doch mal lieber eine andere Moderatorin buchen sollen.« Gottlob sitzt zeitgleich jedoch ein zweites Wesen auf meiner anderen Schulter und flüstert mir aufbauend und aufmunternd zu: »Ganz ruhig. Du kannst das. Es wird großartig werden. Du bist gut vorbereitet, das Publikum wird sich freuen und am Ende der Veranstaltung wirst du deinen Job gut gemacht haben. Dein Kunde wird zufrieden sein!«

Meine Coachees schauen mich nach meinen Ausführungen dann meist ziemlich ungläubig an: »Wie jetzt, Frau Robben-Beyer. Sie sind doch schon so lange Moderatorin und Coach. Sie haben so viel Berufs- und Lebenserfahrung. Trotzdem haben auch Sie schlechte Gefühle?« Ich antworte dann: »Ja genau. Gerade deswegen!«

Nun denkst du vielleicht: Wie bitte? Na, wenn das so ist, dann verrate uns doch bitte mal deine Strategie, mit diesen Situationen klarzukommen. Gern! Zunächst dürfen wir jedoch verstehen, dass auch hier alles in unserem Kopf, mit unserem Mindset, unserer Einstellung, unserer Vorstellung von einer noch bevorstehenden Situation beginnt.

MEINE ERKENNTNISSE FÜRS LEBEN
- Es gibt per Definition keine im Wortsinn wirklich schlechten, störenden Gefühle. Alle Gefühle haben ihre Berechtigung. Akzeptiere folglich jedes Gefühl!
- Schau dir jedoch diese vermeintlich störenden Gefühle an. Frage dich ernsthaft, was sie dir sagen wollen. Tragen Sie eine Botschaft? Was spürst du außer diesem Gefühl noch? Zittern dir die Knie? Hast du weiche Beine? Ist dir flau im Magen? Bekommst du Kopfweh? Sind diese Gefühle und die damit einhergehenden Symptome vielleicht Zeichen? Wenn ja – wofür? Steckt hinter dem jeweiligen Gefühl womöglich ein bestimmtes Bedürfnis? Ein Bedürfnis, das du ignorierst?
- Wenn du deine vermeintlich schlechten Gefühle annimmst und akzeptierst, verlieren sie an Größe. Probiere es aus! Trau dich dann, eventuell den nächsten Schritt zu wagen. Gehe in die Situation. Betritt Neuland, entdecke ein für dich neues Terrain und mache es dir zu eigen.
- Sind diese Gefühle trotz allem immer noch zu groß für dich allein, überlege, mit wem du über sie sprechen kannst. Wer wäre ein guter Sparringpartner, eine Person, die dich kompetent spiegeln, dir kompetent Feedback geben könnte?

Wir Menschen leben generell in dem Irrglauben, dass nur gute Gefühle sein dürfen, dass immer alles easy-peasy sein sollte. Das ist jedoch eine Fehlannahme. Das Leben besteht oft aus Gegensätzen, die es zu akzeptieren gilt: hell – dunkel, angenehm – weniger angenehm. Ich persönlich mag die störenden, schlechten Gefühle auch nicht. Wie könnte ich auch? Angst nervt. Unsicherheit nervt.

Die Natur hat sich jedoch etwas dabei gedacht, uns auch mit schlechten Gefühlen auszustatten. Genauso wie die guten Gefühle verhelfen uns die schlechten zu einem gelingenden Leben. Daher habe ich mich entschlossen, diese Boten des Unbewussten als zu meinem Leben zugehörig anzunehmen und sie und damit ihre Hinweisfunktionen in mein Leben zu integrieren.

Das sollten wir bestenfalls alle tun. Oder wie siehst du das?

I GOT THE BLUES

DIE LIEBEN HORMONE

Irgendwann hat er mich zum ersten Mal erwischt: der sogenannte November-Blues. Und ich musste feststellen, dass er nicht, wie ich bis dato immer dachte, reine Einbildung ist. Laut Umfragen sollen etwa jede vierte Frau und jeder fünfte Mann in Mitteleuropa regelmäßig unter dem Blues leiden. Was bedeutet nun jedoch Blues? Welche Symptome zeigen Menschen mit November-Blues? Die meisten klagen über Antriebslosigkeit, Stimmungstiefs, ständige Müdigkeit, Dauererkältungen. Sie berichten, dass sie den Wunsch hätten, in die Sonne zu verreisen, dass sie den Wunsch hätten, im Bett oder zumindest daheim auf der Couch zu bleiben.

Was sind die Ursachen für diese Symptome? Haben wir Menschen einen inneren Aufpasser, der, wenn wir den Kalender auf Oktober, November umklappen, wach wird? Nein, es gibt reelle physische, also körperliche Gründe für diese Stimmungstiefs. Schuld daran sind nämlich meistens unsere Hormone. In der dunklen Jahreszeit mangelt es uns an Sonnenlicht. Dieses macht, zumindest die meisten von uns, bekannterweise fröhlicher, aktiver, unternehmungslustiger. Im Herbst müssen wir also unseren Körper und unseren Geist auf das dunkle, oft auch neblige Wetter einstellen. Meist stehen wir im Dunkeln auf, verlassen das Haus, unsere Wohnung im Dunkeln und kehren am Abend zurück, wenn es bereits wieder dunkel ist. Damit aus unserem Stimmungstief keine Depression wird, können wir jedoch bewusst gegensteuern. Wir können uns zum Beispiel gezielt Glücksmomente schaffen, die unsere Hormone auf Trab bringen, sodass es uns dann besser geht.

MEINE ERKENNTNISSE FÜRS LEBEN

- Gehe spazieren, am besten im Wald. Grün tut – laut Farbtherapie – unserer Seele wohl. Der Geruch, der Boden im Wald ergänzt diese »Waldtherapie«, heute auch modern »Waldbaden« genannt.
- Fahre mal Fahrrad anstelle deines Autos. Die frische Luft, die Bewegung, eventuell das Entdecken neuer (Fahrrad-)Wege bringt die Hormone auf Trab.
- Treibe Sport. Finde etwas, das dir Freude macht. Eventuell bist du ein Yoga- und/oder Pilates-Typ, eventuell ein Hantelhebe-Typ oder du kannst dich für eine Gruppensportart wie Volleyball oder anderes begeistern. Es mag vielleicht auch Golf sein, das dich begeistert und dir somit guttut.
- Gehe Saunieren. Die Wärme, die Ruhe, das Ent- und Ausspannen können eine großartige kleine Auszeit vom Alltag sein.
- Trinke Tee. Ich bin in Ostfriesland aufgewachsen. Wir zelebrieren die Teezubereitung und den Genuss zwar nicht ganz so ausführlich wie die Japaner. Dennoch glaube ich sagen zu können, dass Tee zubereiten und trinken etwas ganz anderes ist, als die Kaffeemaschine anzustellen, den Kaffee durchlaufen zu lassen und dann zu trinken. Probiere es aus.
- Eventuell bist du auch, wie ich, der Ich-geh-mal-ne-Stunde-in-mein-Bad-Typ. Ich liebe es, mir ein Bad zu gönnen und mich achtsam zu pflegen.

Und das ist auch wohl der Grundgedanke für alles, was uns aus dem November-Blues herausholen kann: Es geht darum, uns etwas Gutes zu tun. Es geht um Selbstfürsorge, die die November-Hormone gleichsam einfängt und dafür die Glückshormone aktiviert. Was mir persönlich im Herbst darüber hinaus noch wohltut, ist Selbstreflexion und eine gründliche Justierung meiner Einstellung: Ich bin eine Sommer-Frau. Ich liebe den Sommer. (Wusstest du, dass meine Tochter darum Julie heißt?) Ich lerne für mich jedes Jahr respektive jeden Herbst wieder: Auch diese Jahreszeit, auch der Herbst hat absolut seine Berechtigung. Wenn wir genau hinschauen, entdecken wir, dass die Herbstfarben der Natur wunderschön sind. Darüber hinaus entschleunigt uns der Herbst nach dem Sommer, in dem wir oft umtriebig sind. Und der Herbst bietet uns die wunderbare Möglichkeit, in der Entschleunigung in uns zu gehen, nachzudenken, aufzuräumen und auch für uns unklare, eventuell nicht verarbeitete Situationen, Begegnungen, Erlebnisse des ersten Halbjahres aufzuarbeiten. Gemütliche Tage und Abende auf der Couch mit Kerzenlicht und Kamin (falls vorhanden) sind erholsam und verbinden ungemein mit uns lieben Menschen. Zudem können wir unsere Vorfreude auf die Weihnachtszeit und das Fest als solche genießen. Spüre einmal nach: Wenn wir wollen, können wir den Geruch von Vanillekipferln und Stollen jederzeit abrufen. Und später versöhnt uns das leckere Gebäck dann auch mit den früh dunklen Abenden.

By the way: Eine Entschuldigung dafür zu haben, dass wir so gern auf der Coach liegen, ist doch auch ganz praktisch, oder? Am allerbesten für meine ganz persönliche Lebensfreude ist jedoch die gemeinsame Zeit mit meiner Tochter. Sie ist fröhlich, hat einen wunderbar »trockenen Humor«, ist stets voller Vorfreude auf irgendwas, trägt eine große Neugier und Gespanntheit auf das Leben in sich, das noch vor ihr, uns liegt. Klingt extrem kitschig, ich weiß, doch mit ihr ist irgendwie immer Sommer – zumindest in meinem Herzen.

Meine Erkenntnisse fürs Leben

Der Herbst kann auch der Monat für große Dankbarkeit sein. Trotz und gerade wegen all dem, was gerade in der Welt geschieht.

Wenn es allmählich »stad« wird (ein schöner Begriff, nicht wahr? Die Bayern und Österreicher verwenden ihn), kannst du auch für dich einen ersten Jahresrückblick, deine erste Bilanz ziehen. Mach es dir bequem, nimm dir Zeit und frage dich zum Beispiel:

- Welche Ereignisse haben mein Jahr bisher besonders bereichert?
- Was war mein schönstes Erlebnis?
- Wer hat dazu beigetragen, dass es so schön wurde?
- Wer und auch was hat mich besonders berührt?
- Was ist mir wertvoll geworden?
- Was lief nicht so gut?
- Warum lief es nicht so gut?
- Welche Person, die ich getroffen habe, ist eine große Bereicherung für mich?
- Wer hat mich am meisten unterstützt?
- Was habe ich gelernt? Welche Fähigkeit habe ich neu erworben?

EIN BISSCHEN SPASS MUSS SEIN

WIE GUT ES DER SEELE TUT, AUCH MAL QUATSCH ZU MACHEN

Ganz nach dem Ohrwurm von Roberto Blanco und ganz unter uns: Manchmal habe ich früher im Kindergarten meiner Tochter gefragt, ob ich ins Bällebad darf. Ich habe mit Julie das Kreide-Straßenspiel »Himmel und Hölle« gespielt und noch andere witzige Dinge mehr. Heute schminken wir uns sonntags extra »hässlich« oder ich singe ihr absichtlich und extra falsch etwas vor. (Probiere das mit dem Falschsingen einmal aus! Es ist großartig!)

Warum? Weil es solch einen Spaß macht. Weil es das Gefühl von Leichtigkeit vermittelt. Weil es Gemeinsamkeit bedeutet. Und weil nirgendwo geschrieben steht, dass nur Kinder Quatsch machen und spielen dürfen. Gerade wegen und trotz allen Kummers in der Welt dürfen wir uns Ausgleich suchen, Kompensation, Freude.

Was trägt dazu bei, dass ich persönlich glücklich bin?
Was kann ich bewusst für mein individuelles Glück tun?

- Identifiziere Lebensfreudefresser und Energievampire.
- Was macht mir zu schaffen? Kann ich das loslassen?
- Welche Situationen belasten mich? Kann ich sie aus meinem Leben eliminieren?
- Welche Gedanken belasten mich? Kann ich versuchen, andere Gedanken zu denken?
- Welche Personen belasten mich, kosten mich Ressourcen? Kann ich mich gegen sie besser aufstellen?
- Womit mache ich mir mein Leben selbst schwer? Welche meiner Probleme sind gleichsam hausgemacht?
- Kann ich mir ein Umfeld aufbauen, das positiver ist, das positiver für mich ist?
- Bin ich mir selbst eine gute Freundin, meine beste Freundin? Wenn nicht? Wie kann ich es sein?
- Bin ich dankbar? Dankbarkeit macht nachweislich glücklich.
- Bewege ich mich regelmäßig?
- Entspanne ich genug?
- Lächle ich genug? Lächle ich mich auch selbst im Spiegel an?
- Wage ich genug neue Dinge?
- Singe ich meine Lieblingssongs? Traue ich mich das? Laut und von Herzen (egal ob schön oder nicht)? Eventuell allein im Auto oder unter der Dusche.
- Tanze ich (noch)? Im Wohnzimmer, in der Küche?
- Sehe ich diese Welt manchmal bewusst mit Kinderaugen? Entdecke ich die kleinen, größeren Wunder dieser Welt im Alltag?
- Faulenze ich ab und an?
- Habe ich Lust, meine Umgebung, meine Wohnung, mein Haus ab und an umzugestalten?

- Sehe ich mir manchmal einen Sonnenaufgang oder einen Sonnenuntergang an?
- Suche ich die Gespräche mit anderen – manchmal auch mir unbekannten – Menschen?
- Spende ich? Tue ich Gutes? Auch da ist erwiesen, dass es glücklich macht.
- Habe ich schon einmal einen Baum gepflanzt (oder eben Blumen, Tomatenpflanzen, anderes)?
- Lerne ich regelmäßig etwas Neues?
- Kann ich mich entschuldigen?
- Gehe ich manchmal barfuß? Spüre ich dann bewusst den Boden unter meinen Füßen? Erde ich mich dadurch?
- Schreibe ich den einen Brief, in dem meine Sorgen, Ängste und anderes stehen, und verbrenne ihn dann?
- Umarme ich genug? Lasse ich mich genug umarmen?
- Tue ich etwas, das ich mich noch nie niemals nie getraut habe?
- Lese ich noch einmal ein Buch aus meiner Kindheit?

Ich weiß: Dieses ist die längste Liste in diesem Buch. Das darf so sein. Hier geht es schließlich um dein Glück!

WER MICH ÄRGERT, BESTIMME ICH!

IMMER DIESER STRESS MIT DEM ÄRGER

Früher hat mir meine Mutter in unseren gemeinsamen gemütlichen Teestunden manches Mal Geschichten von Menschen erzählt, über die sie sich geärgert hat oder noch ärgert. Ich musste dann immer schmunzeln. Denn obwohl ich mich bis heute auf meiner Lebenslernreise befinde, habe ich mich beim Thema »Wer oder was darf mich ärgern?« schon in meinen jungen Jahren auf eine Grundhaltung, ein Mindset festgelegt: »Wer mich ärgert, bestimme ICH!« Mein Hauptargument dafür habe ich auch immer wieder meiner Mama nahegelegt: »Das Ärgerliche am Ärger ist, dass man sich selbst schadet, ohne anderen zu nutzen.« (Kurt Tucholsky)

Was bedeutet das? Meiner Mama versuchte ich es folgendermaßen zu erläutern: »Mama, sieh dir doch bitte einmal das Wort ›sich ärgern‹ an. Es zeigt doch eindeutig, dass DU dich ärgerst. Der andere, dein Gesprächspartner, dein Gegenüber bekommt das in eurer gemeinsamen Situation oder danach eventuell gar nicht mit. DEINE GEDANKEN kreisen um diesen Menschen und/

oder diese Situation, DEIN MAGEN schmerzt, DEIN KOPF brummt, DEINE NERVEN sind lädiert. Und das Schlimmste: Ärger nährt Ärger! Das heißt, oft steigern wir uns in einer solchen Grübelsituation komplett in diese hinein. Ist es das WERT?«

Seitdem ich in Hessen wohne, kenne ich den Satz: »Bevor ich mich aufrege, ist es mir lieber egal.« Ich finde, das ist eine extrem gesunde Grundeinstellung, übrigens auch außerhalb von Hessen. Im Ernst: Das Wichtigste ist für mich Selbstbestimmung. Ich lasse nicht zu, dass Menschen, Situationen, die Umstände die Macht über mich, mein Denken, Fühlen und in der Folge mein Reden und Handeln bekommen. Ich bin der Chef über mein Agieren. Ich reagiere nicht unbedacht auf mein Gegenüber, die Situation, sondern agiere, indem ich ein Ich-ärgere-mich-darüber nicht zulasse. Klingt anstrengend, schwierig. Ja, ist es, so wie beinahe alles, was mit Selbstführung zu tun hat. Doch die gute Nachricht: Mit kontinuierlicher Übung führt uns dieses Mindset zu einer großartigen Souveränität. Das bedeutet: Niemand bringt meine Gedanken in einen Kreisel, der sich um sich selbst dreht. Niemand kann mir Magenschmerzen zufügen. Niemand verursacht mir Kopfbrummen. Niemand lädiert meine Nerven! Und niemand und nichts bringt mich in die Situation, dass mein Ärger weiteren Ärger nährt. Weil ich es nämlich nicht zulasse.

Meine Erkenntnisse fürs Leben

- In Begegnungen, Situationen, die Ich-ärgere-mich-Potenzial haben, halte ich bewusst inne.
- Ich hinterfrage, was ich gerade denke und fühle.
- Ich überlege, was mich genau ärgert.
- Ich versuche, ein »Stopp« zu generieren.
- Unterstützend wirken auf mich die Fragen: Lohnt sich das? Bringt mich das weiter? Bringt uns das weiter in unserem Gespräch, in unserer Situation?
- Ich frage mich weiterhin: Würde mich diese Situation auch noch in zehn Minuten, zehn Stunden oder gar zehn Jahren ärgern?
- Ich versuche, mir den folgenden, so finde ich, klugen Satz ins Bewusstsein zu rufen: »Ärgere dich niemals über Kleinigkeiten. Und behandle möglichst viele Dinge so, als seien sie Kleinigkeiten.« (N. N.)

MEINE GEFÜHLE TANZEN MIT SCHMETTERLINGEN

Vom Charme des Lampenfiebers und der Aufgeregtheit

Gefühlt tausendmal wurde ich im Hinblick auf meine Tätigkeit als Moderatorin schon gefragt, ob ich vor neuen, großen Aufträgen, Moderationen oder Workshops noch aufgeregt sei oder gar Angst empfinde. Ziemlich spontan antworte ich dann jedes Mal: »Oh ja. Tatsächlich bin ich bei jedem neuen Job aufgeregt.«

Und ich könnte dann auch zig Geschichten von meinen Moderationen erzählen, bei denen der erste Satz auf der Bühne so sehr schlimm war, weil ich dachte, ich hätte nur Leere im Kopf und somit meinen gesamten Text vergessen. Zudem fühle ich so etwas wie Wackelpudding in meinen Beinen.

Ich erinnere mich dann auch an Momente hinter der Bühne, in denen ich meine Berufswahl hinterfrage (»Himmel, warum sitze ich nicht in irgendeinem Büro und bearbeite Akten oder erforsche irgendwelche Dinge?«). Andere Male bin ich auf der Suche nach einem Mauseloch, in das ich mich verkriechen könnte. Ganz oft grummelt mein Magen. Häufig ist mein Mund extrem trocken und das Sprechen fällt mir insbesondere beim ersten Anmoderieren-Satz schwer.

Doch nach meiner ersten spontanen Antwort auf die Frage meines Gegenübers schiebe ich dann ein »Und wissen Sie was? Das ist genau gut so!« hinterher. Mein Gesprächspartner guckt dann immer irritiert und fragt erstaunt und ungläubig: »Wie bitte? Sie meinen, es ist gut, aufgeregt zu sein? Und sich dadurch unter Druck oder Stress zu fühlen?« Ja, tatsächlich meine ich das. Vielleicht kennst du es auch: das große Flattern, der Beinahe-Blackout vor neuen, großen Aufgaben, Situationen. Ich meine meine Antwort genau so und kann sie auch begründen:

Wir brauchen diese besondere Angst, Aufregung in solchen Situationen. Denn nur so kann unser Geist, kann unser Körper (Hoch-)Leistung erbringen. Nun fragst du dich, ob denn auch jeder Profi-Moderator, jeder Profi-Musiker, jeder Profi-Sportler und jeder andere Profi ebenso diese Angst, Aufregung spürt. Oder ob sich das mit der einhergehenden Professionalität verflüchtigt. Meine Antwort lautet: Soweit ich weiß, kennt beinahe jeder dieses Lampenfieber, diese Angst, diese Aufgeregtheit. Nur sind die Symptome individuell ausgeprägt. Bei einigen Profis werden die Symptome mit der Zeit weniger. Bei manchen verschwinden sie nie und auch die Profis müssen lernen, damit zu leben. Genau wie wir.

Es gilt, diese Situation in den Griff zu bekommen. Es gilt, die Oberhand zu behalten. Nicht zum Opfer dieser Gedanken und Gefühle zu werden. Es gilt, diese Gefühle zu zähmen, zu kanalisieren. Generell ist diese Situation bei uns allen – hormonell bedingt – grundsätzlich gleich. Was geschieht im Körper? Bei Aufregung und Stress wird ein besonderer Teil unseres Gehirns aktiv. In der Folge werden spezielle Hormone ausgeschüttet. Diese sorgen dafür, dass unser Herz schneller schlägt, unser Blutdruck steigt und unsere Muskeln gut durchblutet sind. Wir machen uns, wie einst die Urmenschen bei Gefahr, bereit, flott wegrennen zu können. Wegrennen gilt für uns nur nicht mehr. Beim Dableiben in der Situation sind wir durch die Hormone höchst konzentriert und leistungsbereit. Dieser innere Stress ist folglich (kurzfristig!) richtig gut für uns. Nach der erbrachten Leistung sollten wir allerdings entspannen.

By the way, warum flattert, kribbelt es dabei ausgerechnet in unserem Bauch? Die Stresshormone werden in den Nebennieren gebildet und die liegen in unserem Bauch. Was aber tun, damit dieses Flattern nicht überhandnimmt und wir die Situation beherrschen und gleichsam effektiv für uns nutzen können?

Meine Erkenntnisse fürs Leben

Vor neuen, wichtigen Jobs, wenn ich sehr aufgeregt bin, mache ich Folgendes:

- Ich atme tief durch.
- Ich wasche mir in einem Waschraum, in der Toilette in Ruhe meine Hände (ich stelle mir dann vor, ich würde die Aufregung abwaschen und sie mit all den Gedanken und Gefühlen, die mich einschränken, den Abguss hinunterspülen).
- Ich denke nur positive Gedanken und spreche mir selbst in einem inneren Monolog motivierende Sätze und/oder Mantras vor. Diese lauten zum Beispiel »Ich kann das!«, »Das wird toll!«, »Heute Abend werden wir alle sehr zufrieden sein!«.
- Ich tue so, als glaubte ich fest daran, dass ich die Aufgabe mit Bravour erledige.
- Ich freue mich auf die Aufgabe. (»Yes, mein Job!«; »Es ist eine Ehre, dies moderieren zu dürfen«; »Ein großartiges Publikum!«)

Doch lass uns nicht vergessen: Es gibt auch noch die positiven Gefühle. Da sind die berühmten »Schmetterlinge im Bauch«. Wieso nun aber gerade »im Bauch« und nicht anderswo im Körper? Die Antwort lautet: Glückshormone werden zu einem großen Teil im Darm gebildet und ausgeschüttet. Bei Vorfreude, Freude, Verliebtsein »flattert« es also ebenso im Bauch.

In diesem Fall ist das jedoch toll. Jedes Mal aufs Neue. Findest du das nicht auch?

ICH GEBE DIR MEINE ANTWORT

DER SINN DER EIGENVERANTWORTUNG

Wie oft habe ich in den letzten Wochen und Monaten im Freundes- oder Bekanntenkreis Gespräche geführt, in denen wir uns darüber ausgetauscht haben, ob wir Menschen in diesen Zeiten unverbindlicher geworden sind. Ob wir uns davor scheuen, gleichsam davor zurückschrecken, uns zu etwas zu bekennen. Ob wir davor zurückschrecken, Verantwortung zu übernehmen. Ich möchte das gar nicht beurteilen. Ich persönlich bin groß geworden mit dem Bewusstsein, dass es etwas Selbstverständliches ist, Verantwortung zu übernehmen.

Als Kind hatte ich etliche Cousinen und einen Cousin. Drei waren jünger als ich. Auf Familienfesten oder Besuchen war es für mich ganz normal, dass wir »Großen« uns um die »Kleinen« kümmerten. Es war normal, dass wir, wenn wir Zeit mit ihnen verbrachten, miteinander spielten, die Verantwortung für sie übernahmen. Das wurde vorher auch nicht diskutiert oder ausgehandelt. Es war so. Als mein Vater noch lebte, hatten wir zweimal Hundewelpen von unserer Hündin Enka, ein wunderschöner kleiner Münsterländer. Beim ersten Wurf bekam sie fünf Junge, das war im Winter. Beim zweiten Wurf sogar sechs, und das im Sommer. Mein Vater und ich kümmerten uns um die kleinen Racker. Beim ersten Wurf war ich zwölf Jahre alt, beim zweiten fünfzehn. Insbesondere der Sommerwurf war wie ein Flohhaufen.

Ich kann mich nicht erinnern, dass mein Vater und ich irgendwann einmal eine detaillierte Regelung getroffen hatten, wer sich wann wie kümmert. Es war klar, dass die kleinen Tiere und das Muttertier Enka regelmäßig liebevoll und gut versorgt werden mussten. Und so geschah es auch. Zu meinen Aufgaben gehörte, genauso wie zu denen meines Papas, unter anderem: das Stroh wechseln, das Rotlicht kontrollieren, das Futter zubereiten, die Tiere an die frische Luft lassen, liebkosen, wieder einfangen, wenn sie in Nachbars Garten ausgebüchst waren (das konnten sie besonders gut). Ich glaube, diese für mich ganz normalen Situationen wie Babysitten und Hundesitten haben mein Verantwortungsbewusstsein extrem gut geprägt. Ich habe damals pragmatisch gelernt: Wenn ich mich auf eine Situation einlasse, mich committe, ist das auch ein Self-Commitment, eine Selbstverpflichtung.

»*Verantwortung ist eine abnehmbare Last, die sich leicht Gott, dem Schicksal, dem Zufall oder dem Nächsten aufladen lässt.*« (Ambrose Blerce)

Für mich ist Verantwortung meine persönliche Antwort (das steckt bereits in dem Wort drin) auf eine Aufgabe, die mir das Leben stellt. Lautet meine Antwort auf die gestellte Aufgabe, die Frage des Lebens »Ja«, dann habe ich dafür zu sorgen, dass ich diesem »Ja« gerecht werde. Ich habe in den meisten Situationen auch die Alternative, »Nein« zu sagen und die Verantwortung damit abzulehnen. Das sollte ich allerdings kommunizieren, kundtun. Aussitzen, sich aus der Affäre ziehen, die Verantwortung still auf jemanden abwälzen oder Ähnliches sind für mich keine erwachsenen Alternativen.

MEINE ERKENNTNISSE FÜRS LEBEN
- Überlege, ob du die an dich gestellte Aufgabe erfüllen kannst, ob du das von dir Erwartete leisten kannst.
- Wenn du »Ja« zur Aufgabe sagst, gibst du deine positive Antwort, der Aufgabe gerecht zu werden. Du übernimmst die Verantwortung dafür.
- Dein Commitment ist dein Self-Commitment. Es ist deine Verpflichtung der Aufgabe und auch dir gegenüber.
- In der Folge ist es deine Pflicht, alles dafür zu tun, dass die dir gestellte Aufgabe erfüllt wird.
- Kannst du die Aufgabe nicht vollumfänglich erfüllen und damit deiner Verantwortung nicht gerecht werden, kommuniziere das.
- Stehe zu deinem »Ja«, stehe jedoch auch zu deinem »Nein«. Wenn du kannst, begründe jeweils beides.

Die größte Verantwortung, die ich in meinem Leben übernommen habe, ist das Muttersein. Meine Tochter war das gewünschteste Kind überhaupt. Ich weiß, das Adjektiv gibt es gar nicht. Doch es drückt so großartig mein Gefühl aus: So, so sehr gewünscht. Das »Ja« zu dieser Lebensaufgabe, der wohl schönsten in meinen Augen, ist die Verpflichtung und vor allen Dingen Selbstverpflichtung, auf mich achtzugeben, auf sie achtzugeben und alles mir Mögliche dafür zu tun, sie adäquat auf ihrem Weg in diese Welt zu begleiten. Es ist mein bestes und klarstes »Ja«, das ich je in meinem Leben gegeben habe.

ENTDECKE, WIE DU KOMMUNIZIERST

WEDER WAHR NOCH GUT

KOMMUNIKATION FÜR FORTGESCHRITTENE

Mittlerweile habe ich beinahe zwanzig Jahre Erfahrung als Executive Coach. Meine absolute Passion ist dabei die empathische Kommunikation. Beruflich bin ich darin ein Profi. Doch was glaubst du, wie sieht es damit privat aus? Bin ich da auch Profi oder eher Laie? Nun, oft geht es mir privat so, wie es im Volksmund treffend heißt: »Der Schuster hat die schlechtesten Leisten.« Auf mich gemünzt kann es dann lauten: Der Coach nutzt privat seine eigenen Tools nicht. Was bedeutet das? Nun, im Job bin ich auf alles, was mit professioneller Kommunikation zu tun hat, fokussiert. Privat, wenn Emotionen und Gefühle im Spiel sind, kontrolliere ich mich manchmal nicht, und schwupps habe ich etwas gesagt, von dem ich eigentlich hätte wissen müssen, dass es nicht gut ist.

BEISPIEL GEFÄLLIG?

Mein Mann und ich sitzen in der Küche und lesen Zeitung. Er sagt etwas. Ich bin sofort getriggert. Statt nun professionell innezuhalten, nachzudenken und dann in Ruhe zu agieren, platze ich unprofessionell und emotional mit einer Antwort heraus. Und diese Antwort ist natürlich sowohl unklug wie auch ungünstig für den Moment und unsere Beziehung. Wie geht nun professionelle, achtsame emotionale Kommunikation – beruflich und privat?

Grundsätzlich ist Kommunikation sehr komplex. Wobei einige Menschen behaupten: »Wieso, sprechen kann doch jeder!« Wirklich gute Kommunikation ist viel, viel mehr als reden. Auch bei diesem Thema fängt wiederum alles bei uns selbst an.

Um wirklich achtsam zu kommunizieren, müssen wir bewusst denken und fühlen. Das würde gewährleisten, dass wir, wie der Volksmund sagt, »vor dem Reden den Kopf einschalten«. Das Gegenteil ist jedoch häufig der Fall. Wir sind unachtsam, reagieren unbewusst und sind dadurch unserem Gesprächspartner gegenüber respektlos. In der Folge kommunizieren wir auch respektlos. Wie geht das denn nun besser? Wie geht es am besten auch noch relativ unkompliziert?

MEINE ERKENNTNISSE FÜRS LEBEN

Ich selbst erinnere mich immer wieder gern an die Geschichte der drei Siebe. Sie ist mein ganz persönlicher Schnell-Reminder, manchmal einfach zu schweigen oder meine Gedanken respektvoll zu formen, bevor sie als Wörter, Sätze meinen Mund verlassen. Für mich ist diese Geschichte großartig. Sie enthält alles kurz und bündig, was uns klüger und empathischer kommunizieren lässt. Ich bin der festen Überzeugung, dass wir mit guter Kommunikation unsere Welt verändern, verbessern können.

Warum das? Jeder von uns kann in seinen täglichen Begegnungen seinen Mikrokosmos, seine kleine Welt um sich herum verändern. Und wenn das jeder täte, würde das in Summe bedeuten, dass wir die Welt mit und durch eine bessere, durch eine empathische Kommunikation verbessern können. Gemäß dem Satz in der Bibel, dass jeder vor seiner Haustüre kehren möge. Ich fange dann mal im bildlichen Sinne an, bei mir zu kehren, indem ich meine Gedanken, bevor ich sie impulsiv herausschleudere, prüfe und vor dem Mundaufmachen durch drei Siebe fließen lasse. Die Geschichte der drei Siebe ist ein Klassiker und es gibt sie in vielen Varianten. Ich erzähle das Gleichnis gerne so:

DIE GESCHICHTE DER DREI SIEBE

Ganz aufgeregt kam einer zum weisen Sokrates gelaufen:
»Höre Sokrates, das muss ich dir erzählen, wie dein Freund ...«
»Halt ein!«, unterbrach ihn der Weise.
»Hast du das, was du mir erzählen willst, durch die drei Siebe gesiebt?«
»Drei Siebe?«, fragte der andere verwundert.
»Ja, drei Siebe. Das erste Sieb ist die Wahrheit. Hast du alles, was du mir erzählen willst, geprüft, ob es wahr ist?«
»Nein, ich hörte, wie es erzählt wurde.«
»So, so. Aber sicher hast du es mit dem zweiten Sieb geprüft, das ist das Sieb der Güte. Ist das, was du mir erzählen willst, wenn nicht schon als wahr erwiesen, so doch wenigstens gut?«
»Nein, das ist es nicht, im Gegenteil.«
Der Weise unterbrach ihn:
»Nun lass uns auch noch das dritte Sieb anwenden und fragen, ob es notwendig ist, mir zu erzählen, was dich offenkundig so erregt.«
»Notwendig nun gerade nicht.«
»Also«, lächelte der Weise, »wenn das, was du mir erzählen willst, weder wahr noch gut noch notwendig ist, so lass es begraben sein und belaste dich und mich nicht damit.«

LET'S TALK

VERSTEHST DU MICH?

In den letzten Jahren hat sich ein echter Hype gebildet um die Unterteilung der Menschen in Altersgruppen – besonders im Business. Die Bezeichnungen für diese Einteilungen variieren etwas in ihren Altersangaben. Sehr weit verbreitet sind Unterscheidungen in sogenannte Alterskohorten wie »Generation Boomer«, »Generation Y, »Generation Z«, »Generation Alpha«. Viele Menschen, darunter auch viele Wissenschaftler, meinen, dass die genannten Generationen sich in wesentlichen Themen unterscheiden. Durch gegenseitigen Austausch könnten wir unser Miteinander verbessern, daher sprechen wir heute auch andauernd von einem Generationendialog. Du möchtest meine Meinung wissen? Generell glaube ich, dass es ganz normal ist, dass wir Menschen uns in unterschiedlichen Altersstufen und unterschiedlichen Lebensphasen voneinander differenzieren. Wir haben andere Interessen, andere Bedürfnisse, andere Träume. Und ich glaube ebenso, dass es ganz normal ist, dass die jeweils ältere Generation sich über die jeweils jüngere wundert oder teils beschwert.

Was denkst du, wer zum Beispiel diesen Satz sagte?

»Ich habe überhaupt keine Hoffnung mehr in die Zukunft unseres Landes, wenn einmal unsere Jugend die Männer von morgen stellt. Unsere Jugend ist unerträglich, unverantwortlich und entsetzlich anzusehen.«

Oder diesen?

»Die Jugend liebt heutzutage den Luxus. Sie hat schlechte Manieren, verachtet die Autorität, hat keinen Respekt vor den älteren Leuten und schwatzt, wo sie arbeiten sollte. Die jungen Leute stehen nicht mehr auf, wenn Ältere das Zimmer betreten. Sie widersprechen ihren Eltern, schwadronieren in der Gesellschaft, verschlingen bei Tisch die Süßspeisen, legen die Beine übereinander und tyrannisieren ihre Lehrer.«

Der erste Satz stammt von Aristoteles (384 bis 322 vor Christus), der zweite von Sokrates (469 bis 399 vor Christus). Die sogenannten Generationen X, Y, Z, Alpha gab es im jeweiligen Kontext also bereits vor einem Jahrtausend. Das bedeutet im Umkehrschluss: Die Jüngeren wollten immer schon anders sein als die Generation davor. Da ich weder Soziologin noch Psychologin bin, kann ich mich auf wissenschaftlicher Ebene zu diesem Thema nur bedingt äußern. Doch ich bin als Coach eine gute Fachfrau für Kommunikation. Außerdem lebe ich in einer Vier-Generationen-Patchworkfamilie, sehe die Dinge folglich »in der Praxis« tagtäglich.

Du fragst dich jetzt vielleicht, wieso vier Generationen? Mein Mann ist die erste Generation. Er ist zwanzig Jahre älter als ich. Ich bilde daher schon die zweite Generation ab. Meine zwei Stiefsöhne, ich sage lieber Bonussöhne, sind die dritte Generation. Die beiden sind jeweils nur neun und vierzehn Jahre jünger als ich. Last but not least bilden meine Tochter Julie mit vierzehn Jahren (heißa, gerade mitten in der Pubertät!) sowie meine beiden Enkel mit acht und zehn Jahren die vierte Generation ab. Und dann gibt es bei mir noch die Schwiegertöchter. Diese sind jeweils Mitte dreißig. Ich höre und spüre im familiären Bei- und Miteinander, dass wir unterschiedlich sozialisiert sind und in vielen Lebensbereichen verschieden denken, fühlen, reden und handeln.

Doch was uns in unserer Familie gemeinsam ist, sind gewisse Werte. Diese zeigen sich in – ich nenne sie gerne so – bestimmten Familienregeln: Wir legen Wert auf Höflichkeit, Respekt, Wertschätzung, Toleranz und so weiter. Doch trotz dieser überaus wertvollen gemeinsamen Basis spüre ich in unseren Gesprächen unter- und miteinander ab und an bei verschiedenen Themen die verschiedenen Mindsets.

Beruflich begegnet mir dieser gehypte Generationendialog deswegen regelmäßig, weil ich sowohl im Coaching als auch in Workshops regelmäßig mit Menschen unterschiedlicher Altersgruppen und Generationen zusammenarbeiten darf. Das bedingt in meinen Coaching-Themen, dass ich die Coachees und/oder Workshopteilnehmer über ihre »Altersgrenzen« hinweg in einen Austausch, einen Dialog bringe. Privat verbringe ich in meinen verschiedenen Sportgruppen und anderen Lebensbereichen ganz selbstverständlich Zeit mit Jung und Alt.

Da ich gute Kommunikation über alles liebe, genieße ich den Austausch jeglicher Art und lerne tatsächlich täglich aus den Gesprächen. Ich stelle fest, dass es ganz oft den angeblich so offensichtlichen Unterschied zwischen den jüngeren und älteren Menschen – zumindest eine nicht kleine Anzahl von Themenbereichen betreffend – gar nicht gibt. Neueste Studien belegen zudem, dass die Generationen durchaus mehr gemeinsam haben, als gemeinhin diskutiert wird. »Es ist viel geschrieben worden zum Großkonflikt der Generationen. Von dem Graben, der sich auftue zwischen der ebenso gepäppelten wie anspruchsvollen Generation Z und den zahlenmäßig überlegenen, mental robusten Boomern. Von jungen Menschen, denen Work-Life-Balance und Likes auf Instagram wichtiger seien als harte Arbeit, und von ergrauten Ignoranten, die die Erde mit ihrem Wohlstand zugrunde richteten. Stoff genug also für eine Studie, die hineinleuchtet in die unterschiedlichen Lebenswelten der Generationen – und vielleicht auch mit dem einen oder anderen Vorurteil aufräumt. (Zitat aus der WELT, 17.5.2023; Sabine Menkens zur STUDIE JUGEND)

Ich bin der Meinung, dass es an jedem von uns ist, wenn wir vermeintliche Unterschiede sehen, hinzuspüren und den guten Willen zu haben, zu verstehen, und dieses Verständnis auch zu zeigen. Es ist an uns, manchmal bewusst nachzufragen und bei den Antworten tolerant und empathisch zuzuhören, damit wir einander wahrhaftig verstehen können. Ich persönlich lerne gern von den Jüngeren, erweitere gern meinen Horizont. Zum Beispiel gerade wenn es um Business-Themen und Work-Family-Balance-Fragen geht. Bei einer grundlegenden Thematik bin ich jedoch bekennend altmodisch: bei Fragen der Haltung zueinander, bei Werten, Tugenden und beim Umgang miteinander. Warum? Ich halte es für essenziell, dass wir im Miteinander, ganz gleich ob im Beruf, ob privat oder anderswo, stets sozial kompetent miteinander umgehen.

MEINE ERKENNTNISSE FÜRS LEBEN

- Handle stets so, dass dein Handeln die Grundlage einer allgemeinen Gesetzgebung sein könnte (nach Immanuel Kant). Will heißen: Erlaube dir so viel im Miteinander, wie du auch anderen Menschen zugestehen würdest.
- Höfliche, wertschätzende Wörter wie »Bitte« und »Danke« sind (für mich) selbstverständlich.
- Beim Betreten eines Raumes gilt es, die darin Anwesende der Tageszeit entsprechend zu grüßen. Genauso gehört es sich, beim Verlassen eines Raumes, sich von den dort verbleibenden Menschen zu verabschieden: Ich bezeichne diese kleinen Gesten als unseren »sozialen Kitt«.
- Tischmanieren halte ich für unumgänglich. Ich mag nicht neben jemandem essen, der den Mund zum Essen führt und nicht das Essen zum Mund. Ich mag es nicht, wenn jemand schlürft. Es sei denn, in seiner Landeskultur ist das richtig und wichtig so. Und ich mag es auch nicht, wenn jemand schmatzt, kleckert und beim Essen rülpst oder ähnlich unappetitliche Dinge tut. Schließlich leben wir nicht mehr zu Zeiten Martin Luthers. Der soll ja einmal so einen Satz gesagt

haben wie: »Warum furzet und rülpset ihr nicht? Hat es euch nicht gemundet?«
- Empathische Kommunikation hat höfliches, wirklich aktives Zuhören zur Basis und praktiziert das Ausredenlassen und Nichtunterbrechen.
- Altmodische Regeln wie »Der Jüngere steht für den Älteren auf« und »Der Jüngere bietet dem Älteren gegebenenfalls seinen Platz an« machen das Miteinander angenehm und schön. Wenn ich öffentliche Verkehrsmittel nutze, springe ich unbewusst auf, wenn ein älterer Mensch einen Sitzplatz sucht. Ich habe das als Kind gelernt und auch nicht die Absicht, es zu verlernen und/oder abzustellen.
- Ich mag Gentleman der »alten Schule« à la Cary Grant oder James Bond. Natürlich kann ich eine Tür allein öffnen und hindurchgehen. Natürlich kann ich mir meinen Mantel oder meine Jacke allein anziehen. Natürlich brauche ich niemanden, der »vorgeht«. Nichtsdestotrotz finde ich es sehr empathisch, aufmerksam, charmant und auch attraktiv, wenn ein Herr mir in den Mantel hilft, die (Auto-)Tür für mich öffnet und vorausgeht, um mir den Weg zu weisen.

Ganz wichtig ist für mich jedoch, dass wir – wenn wir diese Regeln kennen – flexibel und entspannt bleiben. Regeln um der Regeln willen halte ich für so nutzlos wie eine Ampel in einer weitläufigen Wüste ohne Verkehr. Manchmal dürfen wir gerade auch im Miteinander »die Kirche im Dorf lassen« und die eine oder andere Regel lockern.

MEINE ERKENNTNISSE FÜR DEN GENERATIONENDIALOG
- An die Jüngeren: Haltet uns Ältere nicht von vorneherein für überholt und antik. Lasst uns miteinander sprechen, voneinander lernen, füreinander da sein. Das ist eine Win-win-win-Situation.
- An meine Gleichaltrigen: Lasst uns dankbar sein für das, was wir haben. Lasst uns neugierig aufeinander bleiben, offen füreinander bleiben. Lasst uns einander ganz bewusst aktiv zuhören, uns gegenseitig unterstützen, wenn Unterstützung gefragt ist. Lasst uns das Leben lieben, zuversichtlich und voller Hoffnung sein. Lasst uns lachen, uns respektieren, uns tolerieren und wertschätzen.
- An die Führungskräfte und Leader: Ältere Mitarbeiter sind wichtig für die Unternehmen! Ältere sind eventuell nicht ganz so flott in den neuen Technologien. Sie denken, kommunizieren und agieren anders als die Jüngeren. Doch die Älteren haben einen äußerst wertvollen Erfahrungsschatz und kennen die »Umwege«.
- An die Älteren: Danke für das, was ihr geleistet habt. Lasst uns in Kontakt, im Austausch bleiben. Es gibt so unendlich viel von euch zu lernen. Es gibt so unendlich viel, was wir einander zeigen, beibringen können.
- Und generell: Lasst uns alle – egal in welchem Alter wir gerade sind – davon überzeugt sein: The Best Is Yet to Come! Neugier, Offenheit, Vorfreude, Zuversicht und Hoffnung verbinden Menschen.

WARUM ICH GERN PLAUDERTASCHE BIN

SMALL TALK ALS BASIS FÜR VERTRAUEN

Vor einigen Jahren habe ich mit dem Vertriebsleiter eines sehr großen Unternehmens gearbeitet. Sein Coaching-Ziel war, Small Talk zu lernen. Ihm war in der Theorie absolut klar, dass insbesondere auch in seiner Position das sogenannte kleine Gespräch von großer Bedeutung ist. Er wusste, dass ein Small Talk der Einstieg und die Basis für eine gute Beziehungsebene zum Kunden ist und Vertrauen generieren kann. In seiner tagtäglichen Praxis mochte er jedoch keinen Small Talk. Trotz besseren Wissens empfand er diese Art der Unterhaltung als oberflächlich und Zeitverschwendung. Ihm war es stets am liebsten, wenn er geschäftlich immer gleich auf den Punkt kommen konnte, ohne großes Warm-up oder Entree.

Mir war natürlich schon vor der Auftragsannahme klar, dass ein bloßes Einstudieren von etwaigen Themenlisten zu Small Talk und schematische Übungen für die Anwendung in unserem Coaching keinen Erfolg bringen würden. Vielmehr musste es meine Aufgabe sein, ihm zu verdeutlichen, dass die lockere Plauderei eine Art sozialer Kitt ist, der Menschen, zumindest für eine Zeit, zusammenhält. Mehr noch, im Idealfall kreiert Small Talk eine angenehme Atmosphäre und ein Vertrauen, das er als Verkäufer, zumal als Vertriebsleiter, sehr gut für die Ansprache potenzieller Kunden nutzen konnte. Small Talk bereitet folglich im besten Fall die Grundlage für nachhaltige, langfristige, funktionierende Beziehungen. Warum? Small Talk dient dazu, dass wir Menschen uns austauschen und kennenlernen.

Ein kleiner Exkurs
Ich muss immer schmunzeln, wenn ich sehe, wie sich Hunde beim ersten Aufeinandertreffen beschnüffeln. Ich denke dann immer: Guck mal, das ist Hunde-Small-Talk.

Zurück zum Ausgangspunkt: Die generelle Basis für Small Talk sind natürlich ein echtes Interesse an unserem Gegenüber, unser Mindset und unsere Einstellung dem Gesprächspartner gegenüber. Des Weiteren die Bereitschaft zum aktiven Zuhören. Und selbstverständlich die Bereitschaft, sich auf einen echten Dialog einzulassen.

Gute Einstiegsthemen für Small Talk können sein:
- die Frage nach dem Wohnort und der Anreise unseres Gesprächspartners,
- das Erkundigen nach dem beruflichen Hintergrund unseres Gegenübers,
- die Fragen nach seinen Hobbys,
- die Erkundigung nach Urlaubsplänen, -zielen, eventuell Urlaubsorten auf einer persönlichen Bucketlist.

FÜR MICH PERSÖNLICH SIND WIEDERUM FOLGENDE THEMENGEBIETE NO-GOS:
- Politik,
- Witze,
- Krieg,
- Wahlen,
- Krankheiten,
- Unfälle,
- allzu Persönliches.

Mein Coachee und ich konnten nach einigen wirklich intensiven gemeinsamen Arbeitsstunden tatsächlich erreichen, dass er sich mit der ungezwungenen Plauderei einigermaßen wohlfühlte. Eine Plaudertasche wurde er so zwar nicht. Doch das war auch nicht die Erwartungshaltung von uns beiden. Wie heißt es im sogenannten Managementdeutsch: Aus einem Ackergaul können wir kein Rennpferd machen. Wir können unseren Charakter nicht verändern. Doch wir können, wenn wir es wahrhaft wollen und auch üben, unser Mindset, unsere Einstellung und in der Folge unser Verhalten zum Positiven ändern. Und aus einem geänderten Mindset wird viel leichter ein anderes Verhalten resultieren als aus dem Üben reiner Anwendungstechniken.

Ich bin übrigens eine große Plaudertasche. Vermutlich liegt das daran, dass ich Menschen mag und jeden Einzelnen für sich interessant finde. Gottlob. Somit habe ich wohl auch eine gute Basis als Moderatorin und Coach.

GOLD-NUGGETS AM WEGESRAND

DARF'S SONST NOCH WAS SEIN?

Beinahe jeden Morgen betrete ich meine Lieblingsbäckerei und die Verkäuferinnen lächeln mir entgegen. »Wie immer? Mit viel Milch? Heute auch Käsekuchen fürs Büro?« Während die für mich zuständige Verkäuferin meine Einkäufe eintütet und mir den Becher Kaffee mit viel Milch herüberreicht, frage ich sie nach ihrem Befinden. Im Sommer frage ich beispielsweise, ob sie für den Urlaub noch ein Zimmer in ihrem Lieblingshotel buchen konnte. Oder ich erkundige mich, ob ihr Sohn zufrieden durch das Abitur gekommen ist. Manchmal frage ich auch nach einer Kollegin, die ich länger nicht gesehen habe. Oder wir »sprechen ohne Worte miteinander«, indem wir beide wissend über den Kunden vor mir lächeln, der an diesem Morgen seine Freundlichkeit scheints zu Hause vergessen hat. Unsere kleinen Begegnungen dauern jeweils vielleicht sechs, sieben Sätze, dann ist der nächste Kunde an der Reihe. Solche kleinen Plaudereien mit Alltagsbekanntschaften mögen für viele Menschen lapidar, rein oberflächlich sein und unter Zeitverschwendung verbucht werden. Die meisten Mitmenschen halten derartige kleine Gespräche bestimmt für unwichtig, weil sie einen recht unverbindlichen Inhalt haben. Für mich jedoch sind es kleine Goldstückchen, die ich den Tag über sammle. Jeden Tag aufs Neue.

Diese Handvoll Menschen, die mir bei meinen täglichen Einkäufen und Erledigungen begegnen, sind mir extrem wertvoll. Diese bekannten, mir in einer bestimmten Weise vertrauten Gesichter sehe ich immer wieder: in der Bäckerei, an der Supermarktkasse, an der Tankstelle, im Fitnessstudio, in der Schule meiner Tochter, in der Sparkasse. Wir tauschen uns in den Momenten der Begegnung über das Naheliegende aus: das Wohlbefinden, das Wetter, die Kinder oder Enkelkinder, die nächste Reise, ein tolles Konzert, den Hund. Es sind meist nur besagte sechs, sieben Sätze, doch die summieren sich im Laufe der Zeit. Oft lerne ich diese Alltagsbekannten dann immer ein bisschen besser kennen und somit auch wahrhaft wertschätzen. Ich empfinde es als Geschenk, etwas von ihnen wissen zu dürfen, von ihrem Leben, von ihrer Vergangenheit, von ihrer Lebenserfahrung, ihrem Engagement im Privatleben und viele Dinge mehr. Diese Bekanntschaften sind für mich Kostbarkeiten. Sie erhellen meinen Alltag. Hier geht es um nichts Großes, sondern um etwas ganz feines Kleines. Und das Schönste: Aus einigen ursprünglich oberflächlichen Bekanntschaften sind inzwischen kleine, zarte, behutsam wachsende Freundschaften geworden.

MEINE ERKENNTNISSE FÜRS LEBEN
- Lasse dich auf diese kleinen Gespräche und Begegnungen ein. Sei offen.
- Nimm dir Zeit für diese kleinen zwischenmenschlichen Momente in deinem Alltag.
- Betrachte diese Gold-Nuggets als das Besondere im Alltäglichen.

Meine Alltagsphilosophie diesbezüglich lautet: »Halte nichts für selbstverständlich, dann bleibt alles etwas Besonderes.« Diese Begegnungen sind für mich wahrhaft besonders. Ich freue mich von Herzen über diese täglichen Goldstückchen und sammle sie in meinem Herzen. Das klingt vielleicht kitschig. Allerdings macht mich genau das (unter anderem) stark für den Alltag.

Sammelst du solche Goldstückchen auch schon?

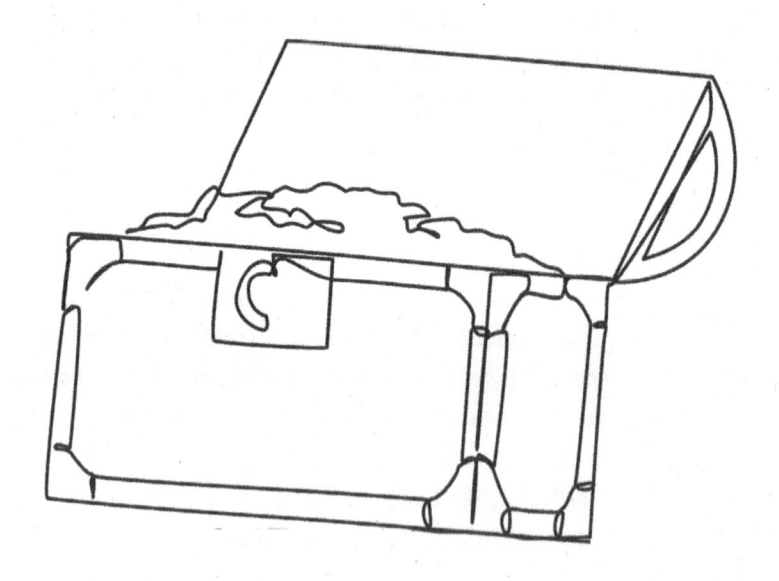

ENTDECKE, WAS DU TUST

HIER BIN IK TOHUUS

ODER ANDERS GESAGT: MOIN!

Ich möchte dir unbedingt von meinen jüngsten Erfahrungen in meiner Lieblingsstadt erzählen. Diese Perle liegt hoch im Norden. Ich liebe am Norden Deutschlands eine Sache ganz besonders: das kurze und bündige »Moin«, das dort zu jeder Tages- und Nachtzeit erklingt und eben nicht nur am Morgen. »Moin« ist die Begrüßungs- und Hallo-Floskel der Menschen dort. Vor einiger Zeit hatte ich in meiner Herzensstadt geschäftliche Termine und durfte einen neuen Kunden, ein dort ansässiges Unternehmen, zum ersten Mal besuchen.

Ich mag es, wenn mir als Gast ein herzliches »Moin« verbunden mit einem echten Lächeln zur Begrüßung entgegengebracht wird. Ich fühle mich in solchen Momenten innerhalb von wenigen Sekunden berührt, denke und fühle: »Jo. Hier bin ik tohuus!« Wir wissen alle, wie wichtig der erste Eindruck bei einer Begegnung ist. Dieser sogenannte Halo- oder Horn-Effekt wirkt sich absolut nachhaltig auf die weitere Begegnung und Beziehung aus. Dieser erste Eindruck beträgt nur wenige Sekunden. Danach steht laut Psychologie fast unveränderlich fest, ob wir einen Menschen mögen. Außer wir geben unserem Gegenüber bewusst eine zweite Chance.

»Wen das Auge nicht überzeugen kann, überredet auch der Mund nicht.«
(Franz Grillparzer)

Bei jeder – wirklich jeder – Begegnung in Norddeutschland macht mein Herz einen kleinen Hüpfer. So geschehen an der Raststätte, im Hotel, im Taxi, in dem Unternehmen, in dem ich beruflich zu tun hatte, in den Restaurants, in denen ich zu Abend aß. Was Norddeutschland betrifft, bin ich sicherlich im positiven Sinne voreingenommen, da ich in Ostfriesland aufgewachsen bin. Hach, was war das schön damals, als ich klein war: zu jeder Tageszeit Teetrinken mit Sahne und Kluntje, Radfahren auf weiter, flacher Flur, immer eine frische Brise um die Nase, der Nordsee und deren Inseln ganz nah. (Dass ich gefühlt meine komplette Kindheit in Regenzeug verbracht habe und gefühlt immer nass war, tut hier nichts zur Sache. Zwinker.) Die Ostfriesen respektive generell die Norddeutschen haben ja den Ruf, immer etwas kurz angebunden zu sein! Als Kind fand ich, dass ich in dem allertollsten Gebiet von Deutschland überhaupt lebte. Ach, was sage ich, der Welt. Als junge Frau fand ich es dann dort jedoch viel zu platt, zu eng, zu dörflich und vor allen Dingen zu abgelegen, »weit weg vom Schuss« halt – so sagte man damals. Doch ich glaube, das kennen wir alle. Wenn wir älter werden, meinen wir, den Orten unserer Kindheit entfliehen zu müssen. Ganz, ganz weit weg soll es gehen, am besten in eine Großstadt.

Heute, nach sieben Umzügen, Reisen in verschiedene Länder und Städte, dem Leben in der Schweiz sowie in Bayern bin ich vor längerer Zeit in Hessen angekommen. Gleichgültig aber, wo ich gelebt habe, ich habe stets versucht, mich zu integrieren und mich zu adaptieren. Trotzdem flammt im Alter meine ursprüngliche Liebe zu Norddeutschland wieder auf. Vielleicht eine reine (Alters-)Geschmackssache. Vielleicht greift jedoch auch der Satz: »Wie man in den Wald hineinruft, so schallt es auch hinaus.« (Ich bin auch immer freundlich. Ich versuche es zumindest!)

Vielleicht erlebe ich in Norddeutschland tatsächlich aber schlicht eine Realität, die wohltut. In Zeiten, in denen der Makrokosmos belastet ist von Unsicherheiten, schlechter Konjunktur, politischen und wirtschaftlichen Unruhen, schlimmen Unwettern und Kriegen und mein eigener Mikrokosmos, genauso wie sicher auch der deine, davon berührt beziehungsweise sogar belastet ist, kann ein solches freundliches »Moin« ein echtes Labsal sein. Zumindest für mich.

Wie oft möchte ich mir im Alltag am liebsten ein Schild umhängen, auf dem steht: »Ein Lächeln ist der absolut kürzeste Weg zwischen zwei Menschen!« und: »Ein Lächeln kostet nichts!« Also, ich lächle jedenfalls extrem gern und oft. Und ich mache sehr schöne Erfahrungen damit. Diejenigen unter euch, die mir nun eventuell entgegnen mögen: »Ach, Stephanie. Das ist doch vergebliche Liebesmüh. Die wenigsten Menschen lächeln doch zurück«, möchte ich mit einem meiner persönlichen Grundsätze antworten: »Dann doch erst recht!« Ich bin der festen Überzeugung, dass jeder von uns etwas Gutes bewirken kann. Wirklich jeder! Zudem: Wenn nicht jetzt, wann dann?

DEINE SPUREN IM SAND

IRGENDWAS GEHT IMMER

Heute ist es mir wichtiger denn je, etwas zu bewirken, Spuren zu hinterlassen, zu gestalten. Vielleicht ist das der Tatsache geschuldet, dass ich Kinder und Enkelkinder habe. Insbesondere für meine Tochter möchte ich tatsächlich etwas Gutes gestalten, das ihr bleibt. Der Wunsch, etwas in dieser Welt zu hinterlassen, kann auch schon sehr früh in uns aufkommen. Vielleicht denkst und fühlst du auch bereits so. Das wäre großartig. Denn der folgende Satz von Jane Goodall (Verhaltensforscherin) ist kein Kalenderspruch, sondern beinhaltet eine essenzielle Wahrheit:

»Du kannst etwas verändern – jeden Tag und zu jeder Zeit!«

Ich bin der Überzeugung, dass jeder von uns etwas bewirken kann. Hier und heute. Mit genau dem, was wir zur Verfügung haben. Unter meine Social-Media-Beiträge setze ich oft die Hashtags »Wenn nicht ich, wer dann?«

und/oder »Wenn nicht jetzt, wann denn?«. Es beginnt so vieles bei uns, in unseren Köpfen, mit unserer Einstellung, mit unserem Mindset. Wenn wir auch nicht gleich den Makrokosmos, das heißt die ganze Welt, allein verbessern, schon gar nicht retten können, so können wir doch immer in unserem jeweiligen Mikrokosmos, dem eigenen Leben(sbereich) Gestalter sein.

Der Dalai Lama inspirierte mich zu diesem Thema einmal durch einen Satz, in dem er sagt, dass, »wenn wir denken, wir seien zu klein, etwas zu bewirken, wir vielleicht noch nie eine Mücke in unserem Schlafzimmer gehabt haben«. Selbstreflexion ist somit auch für dieses Thema ein sehr guter Einstieg oder eine sehr gute Basis:

- Mit welcher Einstellung stehe ich morgens auf?
- Wie begegne ich mir?
- Wie begegne ich den Menschen? Familienmitgliedern? Freunden? Mitarbeitern? Kollegen?
- Wie begegne ich täglich dem Verkäufer,
  - der Bäckersfrau,
  - dem Taxifahrer,
  - der Arzthelferin,
  - dem Hotelmitarbeiter,
  - dem Schaffner,
  - der Physiotherapeutin,
  - der Geschäftspartnerin,
  - dem Netzwerkpartner?

So viele kleine Dinge des Lebens liegen in unserem Einflussbereich. Wir wissen es doch alle: Alles Kleine summiert sich zum größeren Ganzen.

MEINE ERKENNTNISSE FÜRS LEBEN

- Fange klein an. Veränderungen beginnen mit den ersten Schritten. Warte nicht auf Dies-ist-der-perfekte-Moment. Starte mit dem, was dir zur Verfügung steht. Das erlaubt dir, flott ins Tun zu kommen.
- Sei konsistent. Beweise Durchhaltevermögen. Gehe step by step (Steph by Steph!) voran. Regelmäßige kleine Handlungen bewirken mehr als nur sporadische größere Anstrengungen. Bleibe dran!
- Habe eine Vision. Habe langfristige Ziele. Schaue mit weitem Blick auf das, was du erreichen, bewirken möchtest.
- Lasse dich niemals unterkriegen. Bleibe standhaft. Glaube an dich.
- Übernimm Verantwortung. Reihe dich nicht in die Masse ein, sondern bewege etwas, was du verändern willst. Gehe voran! Habe den absoluten Willen, deine Vision zur Realität werden zu lassen.
- Sei Vorbild! Inspiriere! Motiviere!

Wenn wir wirklich Spuren hinterlassen wollen, können wir das. Immer und jeden Tag. Ich hoffe, meine Tochter wird meine Spuren sehen und sie werden sie inspirieren, motivieren, stolz machen und vielleicht berühren.

STARK BLEIBEN – NICHT NUR ALS FÜHRUNGSKRAFT

ICH FÜHRE MICH

Vielleicht fragst du dich in den aktuellen anspruchsvollen Zeiten der Dauerkrisen auch, was dich stärkt, was dir immer wieder Kraft gibt. Besonders Menschen in Führungsrollen sind stark gefordert, denn es liegt an ihnen, tagtäglich mit vielen Veränderungen umzugehen und immer wieder neue Wege für die ihnen anvertrauten Menschen und Organisationsbereiche zu finden. Das bedeutet, dass eine Führungskraft zunächst immer wieder sich selbst in eine Stabilität und Stärke führen muss. Hat sie diese generiert, kann sie wiederum andere Menschen respektive das Unternehmen führen. Wenn wir einmal genau hinschauen, ist jedoch im Ursprung jeder von uns eine Führungskraft, unabhängig von einer leitenden Aufgabe in einer Organisation, einem Unternehmen.

Wir führen als Allererstes uns selbst. Liest sich merkwürdig? Treten wir den Beweis an: Du wachst morgens auf. Aufstehen oder im Bett bleiben? Dann Zähne putzen und duschen oder Verzicht auf Körperhygiene? Adäquat anziehen oder in der Jogginghose den Tag auf dem Sofa vergammeln? Entscheidungen über Entscheidungen – minütlich, stündlich, täglich, ein Leben lang. Bei mir sieht das dann so aus: aufwachen, Wasser trinken, Badezimmer. Zähne putzen, duschen, schminken. Sport. Für den Tag anziehen. Müsli essen und Zeitung lesen. Kind wecken. Frühstück und Brotdose zubereiten. Kinder zur Schule fahren (der Nachbarsjunge fährt auch mit macht ökologisch Sinn!). Einkaufen. Im Büro arbeiten. Coachen. Und täglich grüßt das Murmeltier, zumindest, was die Routinethemen angeht.

Ungeachtet dessen, ob am anderen Ende der Welt alles unter einem Tornado zusammenbricht, unter einer Flut begraben wird, unter extremer Trockenheit leidet. Ich lese oder höre das in den News und möchte am liebsten weinen und mich ob meiner Empathie für die betroffenen Menschen in eine Ecke verkriechen oder am allerbesten noch dort hinfahren und helfen. Mich belastet das arg. Ich glaube manchmal, unter dieser Traurigkeit, diesem Unverständnis für das Chaos im Makrokosmos klein und krumm zu werden. Nützt jedoch nichts. Mein Leben in meinem Mikrokosmos geht weiter. Also: Krone richten – weiter geht's. Ich führe mich folglich selbst, richte mich auf, bin präsent. Eine Sisyphusarbeit – jeden Tag aufs Neue.

Was eröffnet uns nun Möglichkeiten, uns trotz aller Widrigkeiten einigermaßen sicher und souverän zu fühlen und, um es mit einem neuen Modewort auszudrücken, resilient zu bleiben? Der Begriff »Resilienz« kommt ursprünglich aus der Physik und dort aus der Materialkunde. Er bedeutet im Ursprungssinn in etwa: nach extremer Spannung wieder in den Ursprungszustand zurückkehren. Widerstandsfähigkeit entwickeln. Ich finde, das Wort passt gut zu den mentalen Herausforderungen der heutigen Zeit. Wir werden gefühlt durchgerüttelt und durchgeschüttelt von Hiobsbotschaften und schlechten Nachrichten. Gefühlt warten hinter jeder (Nachrichten-) Ecke neue negative News.

Für mich persönlich gilt das auch. Momentan muss ich nach einigen emotional heftigen Wochen den Begriff Resilienz für mich neu überdenken und differenzieren. Ich habe extrem viel gelernt, emotional und mental, bin innerlich gereift und auch stärker geworden. Ich bin dadurch, mit etwas Glück, vorbereitet für die nächsten Herausforderungen. Diese Erkenntnis zu erlangen, war und ist teilweise immer noch ein langer Weg für mich. Doch zum jetzigen Zeitpunkt habe ich auf diesem Weg bereits einige Erkenntnisse gesammelt, die ich gerne an dich weitergeben möchte. Was unterstützt uns in Zeiten der Dauerkrise?

Meine Erkenntnisse fürs Leben

- **Nimm dir Zeit für Selbstfürsorge.** Nimm dir also bewusst Zeit für Dinge, die dir wohltun. Bei mir ist das zum Beispiel Zeit für Yoga, Sport, Zeit in meinem Badezimmer, Zeit mit mir lieben Menschen verbringen, Zeit zum Lesen, Zeit zum Musikhören, Zeit für einen Städtetrip. Für dich ist das eventuell Zeit zum Spazierengehen, Zeit zum Radfahren, Zeit zum Shoppen, Zeit zum Ausgehen oder anderes. Gerade wenn du gar keine Zeit für so etwas hast, ist es wichtig, damit du in deiner Stärke bleibst!
- **Verbringe Zeit mit den Menschen, die dir am Herzen liegen, Menschen, die dir wohltun.**
- **Konsumiere Nachrichten ganz bewusst.** Differenziere, wie viel und wie oft du die News für deinen Alltag oder Beruf brauchst.
- **Sei dir bewusst, dass viele Dinge nicht so »heiß gegessen werden, wie sie gekocht wurden«.** Oft sehen unsere Probleme im ersten Moment größer aus, als sie sind. Atme durch, schlafe eine Nacht darüber, hol dir Support.

- Sei dir bewusst, dass nachweislich neunundneunzig Prozent unserer Sorgen sich nicht bewahrheiten werden. Halte folglich beim Grübeln öfter inne. Mache dir bewusst, dass du in eine Grübelphase kommst oder schon darin feststeckst, und höre gegebenenfalls auf damit.
- Nimm deine negativen Gedanken wie schlecht erzogene Hunde an die Leine.
- Richte dir eine feste tägliche Zeit für Sorgen und Grübeln ein. Das genau ist Sorgenzeit, ist dein Zeitfenster für Sorgen. In der anderen Zeit haben Sorgen nichts zu suchen.
- Beginne regelmäßig etwas Neues, lerne etwas Neues, das deine Gedanken, dein Agieren, deine physische Kraft ganz in Anspruch nimmt, dich ablenkt, dir wohltut und dadurch auch wiederum deine Psyche stärkt.
- Sich Resilienz zu erarbeiten, ist ein langer, intensiver Weg. Plane eventuelle Rückschritte ein. Sei dann gnädig mit dir. Sei dir selbst eine gute Freundin.
- Tue das, was du mit den dir zur Verfügung stehenden Mitteln tun kannst. Anderes delegiere. Wieder anderes lass geschehen. Du musst dich nicht um alles kümmern. Du bist nicht für alles verantwortlich.

EINE DOSIS ALLE-FÜNF-GERADE-SEIN-LASSEN, BITTE!

PERFEKT BIN ICH LIEBER IN EINEM ANDEREN LEBEN

Manchmal frage ich mich, warum ich früher als junge Frau nicht netter zu mir war. Was ich damit meine? Ich war immer extrem streng mit mir selbst: stets leistungsbewusst, ehrgeizig, immer ansprechbar, immer friedliebend und so weiter. In meinem Kopf schwirrte so ein Hammer-Glaubenssatz: Du musst eine perfekte Lehrerin sein, später eine perfekte Moderatorin, noch später ein perfekter Coach. Du musst eine perfekte Kollegin sein, eine perfekte Freundin, eine perfekte Liebhaberin, eine perfekte Nachbarin, eine perfekte Kundin, eine perfekte Patientin und so weiter und so weiter. Puh – sehr anstrengend! Mittlerweile weiß ich es Gott sei Dank ein bisschen besser: Erstens ist Perfektion definitiv unsympathisch und macht Menschen eindeutig Angst. Zweitens können wir Perfektion niemals erreichen. Im Gegenteil, das Bestreben danach frisst uns auf, kostet uns nach und nach Ressourcen und damit seelische und körperliche Gesundheit. Interessant für mich ist, dass ich persönlich immer schon Menschen, die ein bisschen chaotisch sind, viel sympathischer fand und finde als die strukturierten, ehrgeizigen, superleistungsbewussten wie mich. Die weniger strukturierten Menschen können auch einmal »fünf gerade sein lassen«. Das ist wohltuend – für sie selbst und auch für ihre Mitmenschen. Im Coaching und in meinem persönlichen Umfeld versuche ich seit jeher, Menschen darin zu bestärken, auf sich zu achten und sich ganz bewusst öfter etwas zu gönnen. Für mich selbst aber galt das viele Jahre nicht. Ich weiß, du denkst jetzt: »Typisch! Der Schuster hat die schlechtesten Leisten und der Coach nutzt seine eigenen Tools nicht!« Du hast recht!

Sehr wahrscheinlich bin ich mit solch einem Verhalten kein Einzelfall. Ich habe allerdings dazugelernt. Das Leben hat mich ein paar Mal freundlich ermahnt, doch endlich besser mit mir selbst umzugehen. Wie mich das Leben ermahnt oder vielleicht sogar gewarnt hat? Indem es mir jahrzehntelange heftigste Migräne und Kopfschmerzen serviert hat. Zudem einen doppelten Bandscheibenvorfall präsentiert hat und eine akute Blinddarmentzündung, die in eine Notoperation mündete, zugeschoben hat. Indem es mich darüber hinaus mit Dauererschöpfung »beglückt« hat. Nicht witzig, glaube mir! Heute – früher definitiv nicht –, schätze ich den folgenden Satz von Voltaire und versuche, wahrhaft tagtäglich danach zu leben:

»Ich habe mich entschlossen, glücklich zu sein, denn es ist förderlich für die Gesundheit.«

Was hat denn nun Glück mit mehr Achtsamkeit für uns selbst und Selbstfürsorge zu tun? In meinen Augen eine ganze Menge. Gerade wenn im Außen so viel Drama, so viel Tohuwabohu ist, darf, muss ich sogar für mein Inneres, mein Wohlergehen sorgen. Unter anderem, um das Außen zu ertragen. Um mit den Katastrophen und Nöten umgehen zu können. Und wie geht das in diesen besonderen Zeiten mit allen Krisen, Kriegen, unter diesen »Umständen«? Ich bin der Überzeugung, dass das persönliche Glück in den kleinen Momenten liegt. Diese können wir täglich selbst generieren und genießen. Oft reicht es schon, dass wir uns morgens vornehmen:

»Neben all meinen Aufgaben und Pflichten mache ich heute auch etwas Schönes, etwas Verrücktes, etwas anderes, etwas, das eine Ausnahme ist, etwas ohne ›Wenn ... dann‹.«

Zum Beispiel

Ich gönne mir etwas: Das bedeutet sicher für jeden etwas anderes: für den einen ist das ein ganz süßer, heißer Kakao am Morgen. Für den anderen ist das ein gutes Glas Rotwein am späten Nachmittag. Für wieder andere ist es, sich selbst die Erlaubnis zu geben, einmal aus dem Pflichtbewusstsein auszusteigen und etwas zu »schwänzen« und stattdessen eine Stunde auf dem Sofa zu kuscheln, überhaupt zu kuscheln so zwischendurch. Oder es bedeutet, mit seiner Tochter einmal etwas ganz, ganz Verbotenes zu tun (zwinker!). Mütter dürfen mit ihren Töchtern nichts Verbotenes tun? Nun, vielleicht etwas »nur ein bisschen Verbotenes«. Zum Beispiel: Ich habe mit meiner Tochter regelmäßig Termine beim Kieferorthopäden. Diese liegen – warum auch immer, schließlich sind die meisten Patienten schulpflichtig – am Vormittag. Danach muss Julie »eigentlich« wieder in die Schule zurück. So haben wir es stets brav und artig gehandhabt. Doch an einem Vormittag sind wir nicht wie sonst stracks wieder zur Schule gefahren, damit Julie noch am verbleibenden Unterricht teilnehmen konnte. Dieses eine Mal sind wir nach dem Kieferorthopädie-Termin noch ganz in Ruhe in ein Café neben der Praxis gegangen und haben einen frischen Saft getrunken. Das fühlte sich irgendwie aufregend und verboten an und war sehr schön. Ein echtes Mama-Tochter-zusammenschweißen-Erlebnis.

Das kleine Glück liegt in uns, und wenn wir es herauslocken, sind wir danach meistens so glücklich, ja beseelt, dass unser Umfeld auch etwas von unserem kleinen Glück abbekommt, weil wir es ausstrahlen. Dass am Ende auch unsere Gesundheit von diesen Glücksmomenten profitiert, ist doch prima:

»Das Geheimnis der Gesundheit für Körper und Geist ist, nicht zu trauern für die Vergangenheit, noch über die Zukunft sorgen, sondern ernsthaft der Gegenwart zu leben.« (Siddharta Gautama)

> **EIN NEIN ZU ANDEREN IST IMMER AUCH EIN JA ZU MIR SELBST**

WARUM NIE DIE UMSTÄNDE SCHULD SIND

Im Prinzip ist es total banal. Alles im Leben braucht Pausen. Alle Geräte im Haushalt laufen nicht dauerhaft auf Hochtouren. Unser Auto parkt zwischen unseren diversen Fahrten. Haustiere halten gefühlt immer irgendwie irgendwann ein Schläfchen. Alles und alle Lebewesen brauchen Auszeiten, brauchen Erholung und Pausen. Erholungsphasen sind notwendig, damit die Funktionstüchtigkeit erhalten bleibt. Profisportler wissen das meist ziemlich genau und verordnen sich deshalb sehr gezielt auch Pausen während der Wettkampfvorbereitung. Wir Menschen im Allgemeinen sind jedoch gerne etwas geizig mit unseren Regenerationspausen. Als junge Frau gehörte ich auch zur Fraktion »Schlafen kann ich, wenn ich tot bin«. Was ich in meinem Leben lernen durfte, ist zum einen, dass Pausen toll sind (und schlafen auch). Zum anderen, dass Ruhephasen auch die Basis dafür sind, dass uns das Leben langfristig Freude macht. Dass wir die nötige Kraft und Energie erspüren können, um unser Alltags-, Berufs- oder Wie-auch-immer-Pensum zu schaffen. Es ist viel wichtiger für dich, als du denkst, dass du dir Erholung, Pausen und Muße gönnst, damit du genussfähig sein und bleiben kannst. Wenn wir uns achtsam beobachten und feststellen, dass wir zu wenig Pausen machen, gilt es, nachzujustieren und uns in die Balance zu bringen. Auch hierbei beginnt alles wieder mit unserem Mindset, mit unserer Einstellung:

- Bin ich jemand, der stets die Erwartungen anderer erfüllt?
- Lebe ich (veraltete, nicht mehr gültige) Glaubenssätze wie: Ich muss alles allein schaffen; Ich muss perfekt sein?
- Sage ich »Nein«, wenn mir etwas zu viel wird, ich etwas nicht möchte? Oder sage ich immer »Ja«?
- Habe ich »Mut zur Lücke«?
- Frage ich nach Unterstützung?
- Kann ich mich abgrenzen gegen die Ansprüche anderer und auch gegen meine eigenen Perfektionsansprüche?

Mir persönlich wird immer deutlicher, was so viele kluge Sprichwörter aus dem Volksmund sagen. Eines davon besagt, dass es nicht die Umstände sind, die uns anstrengen. Sondern dass es meine eigene, persönliche Reaktion auf die Umstände ist. »Stress« ist folglich nicht immer das, was von außen auf uns einwirkt, sondern das, was wir, durch unser Mindset, unsere Einstellungen geprägt und sozialisiert, daraus machen.

MEINE ERKENNTNISSE FÜRS LEBEN
- Setze sehr bewusst Prioritäten!
- Mache dir Not-to-do-Listen (die To-do-Listen erstellen wir eh täglich). Was kannst du weglassen? Was musst du nicht sofort respektive allein tun?
- Mache Pausen – klitzekleine Mikropausen, Minipausen, Mittagspausen.
- Grenze dich in bestimmten Situationen gezielt ab. Dein Mantra kann lauten: »Nicht mein Zirkus. Nicht meine Affen!«
- Sei achtsam und freundlich mit dir selbst.
- Sei achtsam und freundlich zu anderen. Freundlichkeit ist ein Entspannungskatalysator.

Meine späte, gottlob nicht zu späte Erkenntnis: Ich übernehme immer zu hundert Prozent die Verantwortung für mich und meine Bedürfnisse. Das ist ein guter Anfang – auch für das jeweilige Umfeld, in dem ich leben und wirken darf. Sei auch du dir selbst die beste Freundin!

BEST BESTIES

HALTEN FREUNDSCHAFTEN FÜR IMMER?

Jeder von uns braucht sie: Freunde, mit denen wir uns tief verbunden fühlen. Freunde können Seelenverwandte oder auch »Lebenszeugen« sein, können innigste oder gar intimste Vertraute sein. Und manche Freundschaften halten für immer, doch nicht alle. Leider. Ich habe im Laufe – insbesondere in meinen älteren Jahren – gelernt, mit einem liebevollen Realismus und auch Pragmatismus auf meine Freundschaften zu schauen. Was bedeutet das? Nun, meine erste richtige beste Freundin ging mit mir in die Grundschule: Franziska, genannt Fränzi. Sie hatte feuerrote Haare und Sommersprossen. Fränzi und ich waren »ein Kopp und ein Arsch« – so sagt man das in Ostfriesland, wo wir groß geworden sind. Diese Mädchenfreundschaft war extrem wichtig für mich. Genauso wie unsere damaligen Schulcliquen auf der Grundschule, der dann folgenden Orientierungsstufe (eine besondere Schulform der damaligen Zeit für das fünfte und sechste Schuljahr) und dann auf dem Gymnasium. Venke, Martina, Heike und noch ein paar andere Mädchen gehörten viele Jahre zu meinen engsten Vertrauten.

Hashtags gab es damals noch nicht. Hätte es sie gegeben, wäre unser Hashtag auf jeden Fall gewesen: #bestfriendsforever. Das mit dem »forever« war dann aber nicht so. Mit dem Älterwerden haben sich einige Freundschaften komplett auseinanderdividiert. Andere haben sich in Long-distance-Freundschaften lockerer Natur verwandelt. Fränzi und mich trennten leider früh unsere Träume respektive Vorstellungen vom jeweiligen zukünftigen Leben. Fränzi wusste schon in ihren jungen Jahren, dass sie in Leer (dem ostfriesischen Städtchen, in dem wir aufgewachsen sind) bleiben wollte. Sie traf mit fünfzehn Jahren ihren heutigen Ehemann, machte nach der zehnten Klasse eine Ausbildung – damals hieß es Lehre – und begann in diesem erlernten Beruf zu arbeiten. Später bekam sie zwei Kinder. Diese Vorstellungen vom Leben waren so ganz anders als meine und somit haben wir unsere Freundschaft dann irgendwie einschlafen lassen.

Generell sind mir diese Erinnerungen an die gemeinsamen Jahre auf dem Weg ins Erwachsenwerden – oder was wir damals dafür gehalten haben – unendlich kostbar. Kennst du das? Du denkst zum Beispiel an ein Freibad und schon geht in deinem Kopf ein Film an, der dir ganz viele Bilder aus deiner Kindheit zeigt. Ich erinnere mich daran, wie wir in den Sommerferien immer mit dem Fahrrad in einem Pulk von Freunden ins Freibad fuhren. Wir durften eine unglaubliche Freiheit erleben: morgens hin und abends zurück. Alles ohne Handy, ohne Kontrolle der Eltern. Im Freibad gab es einen Kiosk, dort kauften wir den Tag über lauter Schleckereien und natürlich Pommes, meistens natürlich mit Mayo. Ich rieche heute noch die Mischung aus Chlor und Pippi aus den Toiletten. Ich spüre das Chlorwasser in meiner Nase, das sich nach dem gefühlt tausendsten Sprung vom Ein-Meter-Block darin verfing. Ich erinnere mich auch an die ersten Erfahrungen mit den Jungs beim Flaschendrehen und so weiter (räusper!).

Natürlich probierten wir auch verbotene Dinge wie rauchen. Heimlich legten wir unser Taschengeld zusammen und kauften davon Zigaretten mit Mentholgeschmack, in der Hoffnung, dass unsere Eltern ob des Menthols dann nicht riechen würden, dass wir heimlich Erfahrungen mit Tabak machten. Was für eine Zeit! Damals hielten wir Jugendliche die Wichtigkeit und Ernsthaftigkeit dieser so engen Verbindungen noch in Poesiealben oder Freundschaftsbüchern fest. Es wurden Sprüche gesucht und hineingeschrieben, Fotos eingeklebt und manchmal etwas extrem Geheimes in einer nur uns bekannten Sprache notiert. Mit unserem Älterwerden verlagerten sich selbstverständlich unsere Interessen. Wir machten erste Ausflüge in die für uns so große, weite Welt. Das waren zum Beispiel Tagesausflüge mit der Bahn aus dem ostfriesischen Leer nach Oldenburg oder Bremen. Mit zwanzig Mark in der Tasche waren wir »reich« und stöberten in den norddeutschen »Großstädten« in Orientläden, Nanu-Nana (was für ein irrer Name!) und anderen damals populären Shops. Auch unsere jeweiligen Geburtstagsfeiern waren legendär. (Im Dunkeln ist gut munkeln mit den Jungs! – Mehr verrate ich hier nicht!) Genauso wie unsere Übernachtungen im Zelt in den Gärten unserer Elternhäuser (doch davon gern ein anderes Mal mehr).

Meine persönliche Zeit des Wandels begann abrupt mit dem frühen Tod meines Vaters. Irgendwie waren auch meine Freundschaften nach diesem Schicksalsschlag anders. Ich verbrachte viel Zeit mit meiner Mutter und vertiefte mich ein paar Jahre sehr in mein Hobby, das Turniertanzen. Nach dem Abitur machte ich zunächst eine Ausbildung in der Nachbarstadt als Vorbereitung auf mein späteres Studium. Die freie Zeit wurde knapper und in der Folge wurden auch die Treffen mit meinen Freundinnen seltener. Ich hatte dann auch längst einen ersten festen Freund, mit dem ich natürlich auch viel Zeit verbringen wollte. Die Prioritäten, meine Prioritäten und die meiner Freundinnen, verschoben sich. Mit der Aufnahme des Studiums und dem Umzug in die entfernte Universitätsstadt wurden die Freundschaftskarten wieder neu gemischt. Ich hatte eine sehr feine kleine Clique an Kommilitonen. Durch mein Studium und zeitgleiche Nebenjobs als Assistentin bei einem meiner Professoren sowie als Model war meine Zeit damals sehr knapp bemessen und musste intensiv genutzt werden. Das tat ich! Dennoch war ich immer gesegnet mit tollen Freunden. Ich musste jedoch in den kommenden Jahren lernen, dass eben nicht alle Freundschaften ewig halten, sondern einige nur einen Lebensabschnitt dauern. Ich musste mit dem Älterwerden sukzessive lernen, dass ich manchmal auch an einer mir wichtigen und lieben Freundschaft nicht festhalten konnte. Manchmal entwickeln wir Menschen uns in unterschiedliche Richtungen, manchmal leben wir uns irgendwie auseinander, manchmal schläft eine Freundschaft ein. Es ist müßig, an Freundschaften festzuhalten, wenn »es nicht mehr passt«.

»Sowohl in ihrer Anzahl als auch in ihrer Funktion verändern sich Freundschaften über die gesamte Lebensspanne.« (Franz Joseph Neer; Uni Jena)

Sind Freundschaften daher nichts als Zeitverschwendung? Nein, natürlich nicht. Freundschaften sind essenziell. Sind Gold wert. Es lohnt sich für uns selbst, ein guter Freund zu sein, wenn wir den anderen wirklich mögen – und umgekehrt. Heute lebe ich meine Freundschaften jedoch um ein Vielfaches bewusster als als junger Mensch. Ich empfinde es als großartig und wunderbar, dass sich beim Älterwerden auch neue, sozusagen »junge« Freundschaften bilden können. Aus ursprünglichen Zweckgemeinschaften zum Beispiel, weil unsere Kinder eine Klasse besuchen und befreundet sind, haben sich Freundschaften entwickelt. Wie kostbar ist das! (Danke, Kasia!) Oder ich stehe auf einem Event plötzlich einer mir noch fremden Frau gegenüber, die mir heute vertraut ist. (Danke, Yvonne!) Dann gibt es Freundschaften, die gewachsen sind. (Danke, Claudi; danke, Angelika!) Darüber hinaus erstaunlicherweise auch Freundschaften, die rein digital sind. Obwohl wir uns noch nie analog, also im »echten Leben« getroffen haben, spüre ich, spüren wir eine wirkliche Verbundenheit, die wir leben. (Danke, Uli, Soulsister! Danke,

Norma! Danke, Claudia!) Freundschaften mit Männern gibt es auch – also platonische, meine ich. (Danke, Joe; danke, Wolfgang.) Für mich steht fest: Freundschaften sind die Basis, die mich trägt, neben meiner Familie. Diese Basis möchte ich pflegen, hegen, mich um sie kümmern, so gut ich das in der jeweiligen Lebenssituation eben kann. Denn: »Freundschaft nimmt den Widrigkeiten des Lebens ihren Stachel.« (Marisa G. Franco)

Meine Erkenntnisse fürs Leben

- Verbringe Zeit mit deinen Freunden!
- Sei aufmerksam. Gerade in Zeiten der Digitalisierung ist es so einfach, einen kurzen, lieben, von Herzen kommenden Gedanken oder Gruß zu senden. Eine Frage, ein Sich-Erkundigen nach dem Befinden und so weiter.
- Biete deinen Freunden Benefit! Was kannst du? Was können sie nicht und du kannst es für sie tun?
- Unterstütze deine Freunde – wenn gewünscht. Sei da.
- Halte den Kontakt! Mache oft »den ersten Schritt«!
- Sei absolut vertrauenswürdig!
- Sei absolut verschwiegen bei Geheimnissen oder Ähnlichem.
- Bleibe neugierig, offen für neue Freundschaften. Gerade auch im Alter können wunderbare Freundschaften – ohne Vorbelastung aus der jeweiligen Biografie, dem Vorleben – entstehen. Trau dich!

Laut Freundschaftsforschern haben Freundschaften lebenslang eine Schutzwirkung, die auch im Alter nicht nachlässt. Eine große US-Studie mit mehr als zweihundertsiebzigtausend Erwachsenen kam 2017 zu dem Ergebnis, dass Freundschaften bei älteren Menschen einen größeren Einfluss auf die Gesundheit und das Wohlbefinden haben als die familiären Beziehungen. Wir haben dann zwar im Schnitt weniger Freunde als in jungen Jahren, sind jedoch gleichermaßen zufrieden. Ich meine: sogar zufriedener.

MEIN NEUES MITTERNACHT BEGINNT AB SOFORT UM NEUN

WACHSENDE BEHUTSAMKEIT TUT GUT

Vor einiger Zeit traf ich in einem Restaurant ein befreundetes Ehepaar. Sie erzählten, dass der Gatte ein paar Tage später seinen fünfundsechzigten Geburtstag feiern würde. Wir tauschten uns in der Runde scherzhaft über diese Zahl aus. Ich meinte, ich sei heute deutlich fitter als in meinen jungen Jahren, doch ich bräuchte heute deutlich mehr Pausen und Schlaf. In unserer Unterhaltung fielen dann Sätze wie »Einundzwanzig Uhr ist mein neues Mitternacht« oder »Früher konnte ich zwei Nächte durchfeiern, heute bin ich bereits nach einem längeren Abend müde«. Früher, als junge Frau, war ich (das weißt du bereits) der festen Überzeugung, Pausen und insbesondere auch Schlaf seien drastisch überbewertet. Ich habe immer sehr viel gearbeitet und bin, weil ich nichts verpassen wollte, gleichzeitig viel ausgegangen. Schlaf war somit nie mein Verbündeter. Ich fand ihn eher lästig. Heute weiß ich, dass das ein Kardinalfehler war. Selbstfürsorge und Achtsamkeit dem eigenen Körper gegenüber sind niemals Zeitverschwendung.

Viele Jahre war ich meinem Körper gegenüber jedoch nahezu respektlos. Er hatte zu funktionieren. Genauso wie mein Kopf. Heute, diesbezüglich um einiges klüger, finde ich das sehr undankbar. Und tatsächlich zahlte es mir mein Körper viele Jahre auch mit barer Münze heim: Ich bekam schmerzlich und heftig zu spüren, wie es ist, wenn man seinen Körper und Geist vernachlässigt: Mein Immunsystem schwächelte, mein Rücken schmerzte dauerhaft, starke Migräne war meine überaus anstrengende Begleiterin. Ich wollte diese physischen Botschaften des Körpers jedoch partout nicht hören. Mein Motto lautete: »Weiter geht's! Augen zu und durch!« Wie dumm war ich damals!

»Er trägt uns durch die Welt, aber wie oft hören wir wirklich auf unseren Körper? Wenn wir das tun, erwartet uns ein ganzes Universum voller Wunder.« (Jon Kabat-Zinn)

Wie oft habe ich in den vergangenen Jahren in meiner Arbeit mit CEOs und Geschäftsführern gehört: »Nein, für Spaziergänge, Ruhe, Sauna, Sport oder Ähnliches lässt mir mein Beruf keine Zeit.« Nachdem ich es für mich persönlich verstanden habe, gebe ich meine Erkenntnisse zu diesem Thema heute gerne, wenn gewünscht, weiter. Damit du schon in deinen jungen Jahren viel klüger bist als ich damals, hier meine Erfahrungen zum Thema:

Meine Erkenntnisse fürs Leben
- Unser Körper ist ein fantastisches Wunderwerk. Wir haben nur diesen einen. Er ist unser Zuhause. Darum sollten wir ihn respektvoll und wertschätzend pflegen.
- Unser Körper, unser physisches Zuhause ist gleichsam ein Smarthome – es kommuniziert mit uns: Unser Gehirn ist mit dem restlichen Körper über das Nervensystem im ständigen Austausch. Alles, was in uns passiert, beeinflusst unser Denken, Fühlen und Handeln und damit unser Sein.
- Es ist folglich klug – also smart –, ein gutes Körperbewusstsein zu entwickeln.
- Es ist also überaus klug, achtsame Selbstfürsorge zu betreiben. Lauschen wir auf die Signale unseres Zuhauses! Tragen wir ihnen Rechnung.
- Vertraue dir somit selbst! Wenn du müde bist, versuche zu ruhen. Wenn du Bewegungsdrang hast, bewege dich.
- Finde eine Ernährung, die zu dir passt und die dir wohltut.
- Sei dir selbst ein guter Freund, der beste Freund! Denke wohlwollend über dich. Sprich wohlwollend mit dir und über dich.

Ich finde, im Alltag um einundzwanzig Uhr Mitternacht zu haben, ist völlig okay. Im Alter oder in Zeiten großer Belastung schneller zu ermüden, ist völlig okay. Klug mit mir selbst, meinem Körper und meinem Geist umzugehen, eröffnet mir großartige Möglichkeiten und Perspektiven: In der Folge habe ich Energie. Ich kann meine Leistung bringen. Ich bin entspannt, nicht verspannt. Ich bin gelassen. Der Satz, den ich als junge Frau für richtig hielt: »Schlafen kann ich, wenn ich tot bin!«, ist komplett falsch. »Wenn ich nicht genug schlafe, bin ich eher tot!«. So stimmt es wohl.

ICH GUCKE NUR NOCH DIE HEUTE-SHOW

UND MACHE BLÖDSINN MIT MEINER TOCHTER

Nachrichten in der Dauerschleife? Immer das Radio an, um bloß nichts zu verpassen? Das Handy stets parat, um einen Blick auf die aktuellen News zu werfen? Für viele von uns ist das vielleicht ein Dauerzustand. Ich persönlich habe mich vor einiger Zeit bewusst dagegen entschieden. Warum? Ich habe für mich festgestellt, dass die Dauerberieselung mit negativen News mir nicht bekommt. Von jedem neuen Unwetter, jeder neuen Katastrophe, von jeder neuen wirtschaftlichen und politischen Hiobsbotschaft, jedem neuen Unglück in jeder Ecke dieser Welt zu erfahren, belastet mich. Vor allen Dingen belastet es mich, weil ich daran nichts ändern kann. Ich kann meine Empathie, mein Mitgefühl oder mein Mitleid geben. Doch aktiv kann ich an den meisten Situationen in dieser Welt, diesem Makrokosmos nichts ändern. Ich kann nur meinen Mikrokosmos positiv beeinflussen (davon habe ich dir schon erzählt).

Irgendwann habe ich gelernt, dass es für mein »Nachrichten-Verhalten« einen Begriff gibt, den ich bis dato nicht kannte. Vielleicht, weil er in unserem Sprachgebrauch relativ neu ist. Man nennt das: »News Avoidance«. Für mich bedeutet das jedoch nicht, dass ich Nachrichten jeglicher Art komplett meide. Für mich bedeutet es vielmehr, dass ich dezidiert und fokussiert konsumiere. Natürlich informiere ich mich nach wie vor über das Geschehen in dieser Welt. Jedoch dosiere ich meinen Nachrichtenkonsum und schaue möglichst nur einmal am Tag, bevorzugt am frühen Morgen. Dann lese ich meine zwei Zeitungen (Papier), lese meine digitalen Newsletter und schaue das ein oder andere Video, je nach Zeitkontingent, das mir dann gerade zur Verfügung steht. Ich kenne Menschen, die sind in Bezug auf »News Avoidance« wesentlich extremer als ich. Sie schalten gar keine Nachrichten mehr ein. Ihre Begründung: Zu viel des Bösen. Zu viel des Unbegreiflichen. Zu viel Horror. Zu viel Fürchterliches. Zu viel, das herunterzieht, traurig, mutlos, gar depressiv macht. Das alles bedeutet für einige Menschen: zu viel Angst, Ohnmacht, zu viel für deren Seelen. Ich weiß, dass wir Menschen alle existenziell ein Gefühl der Hoffnung, der Zuversicht brauchen und zudem das Gefühl der Wirksamkeit. Da ich dieses Gefühl in mir nur stabil aufrechterhalten kann, wenn ich Nachrichten dosiere, glaube ich, dass das ein sinnvolles, kluges, neues Verhalten für mich ist.

Meine Erkenntnisse fürs Leben
Ich nehme mir bewusst meine Auszeiten von den News. Ich gehe auf Distanz. Das erhält mir persönlich die Kraft, für mich selbst sowie die mir Anvertrauten zu sorgen, im privaten sowie im beruflichen Bereich. Als Ausgleich zu dem gehäuften negativen Input konzentriere ich mich achtsam auf alles Positive, Schöne in meinem Leben und dem Leben generell. Ich lache viel mit meiner Tochter, mache viel Blödsinn mit ihr. Ich bin albern. Wir hören, laut oder leise, schöne Musik und manchmal singe ich bewusst falsch dazu (ich hatte dich schon ermutigt, das auch einmal zu probieren!). Das ist dann ein Anlass zu wunderbar befreiendem,

herzlichem Lachen. Ich genieße den Schwatz mit der Bäckersfrau. Ich bedanke mich intensiv beim Briefträger. Ich backe Kuchen und versorge die halbe Nachbarschaft damit (Backen ist so was von entspannend!). Alles das tue ich, damit mein Geist, meine Seele und auch die Seelen meiner Mitmenschen aus der Ver- und Anspannung kommen und sich entspannen können.

Eines pflege ich ganz besonders: die Heiterkeit. Heiterkeit ist in meinen Augen etwas ganz Wunderbares. Heiterkeit bedeutet für mich unter anderem, die Welt zu sehen, so wie sie ist, und dennoch nicht an ihr zu verzweifeln. Im Gegenteil. Heiter zu sein ermöglicht es uns, klar sehend durch dieses Leben zu gehen und uns den Blick für das Wunderbare zu bewahren und es zu genießen!

NEW WORK

FÜHREN HEUTE

Als ich vor nunmehr vierundzwanzig Jahren durch das Zusammensein mit meinem heutigen Ehemann in die Rolle der zweifachen Bonusmutter rutschte, wusste ich wirklich gar nicht, was es bedeuten würde, diese Rolle ernsthaft und wahrhaftig auszufüllen. Zudem ahnte ich nicht ansatzweise, wie viel ich in dieser Rolle noch für meinen Beruf als Coach lernen würde. Diese Erkenntnis wuchs stetig über das letzte Vierteljahrhundert. Es begann bei unserer Familienzusammenführung. Familienzusammenführung ähnelt nämlich per se grundsätzlich einem Post-Merger-Prozess. Menschen mit unterschiedlichen Sozialisierungen, Kulturen, Ansichten, Mindsets werden zusammengemischt. Dann soll in diesem neu zusammengewürfelten Mix das Zusammensein beziehungsweise im beruflichen Kontext das Zusammenarbeiten auf Anhieb klappen. Das funktioniert natürlich nicht auf Knopfdruck, auch wenn das die Beteiligten in diesem jeweiligen Prozess gerne so hätten. Bei uns in der Patchworkfamilie war es auch so: Gut Ding will Weile haben. Menschen wollen einander kennenlernen, wissen, wie der andere tickt. Sie wollen etwas gemeinsam erleben, um dem anderen auch vertrauen zu können. Das gilt in der Patchworkfamilie wie im Unternehmen. Kultur ist hier wie dort etwas, das wachsen möchte, das sich mit der Zeit entwickeln möchte. Etwas, das halt Zeit braucht.

Obwohl meine Bonussöhne nur wenige Jahre jünger sind als ich, entwickelte ich an der Seite meines Mannes erstaunlich rasch so etwas wie Muttergefühle für die beiden, die damals schon junge Männer waren. Und bis heute denke, fühle, rede und agiere ich so, als zweite Mutter eben. Nun ist dieses Bonusmutter-Dasein jedoch durchaus auch ambivalent. Irgendwie sitzt man als Stief- oder Bonusmama in bestimmten Situationen immer zwischen zwei Stühlen. Was ich damit meine? Wenn ich zum Beispiel in Auseinandersetzungen zu meinen Söhnen halte, ist das nicht gut für die Beziehung zu deren Vater, meinem Mann. Halte ich zu meinem Mann, ist das wiederum nicht gut für meine Beziehung zu meinen Söhnen. Wenn man dann noch, so wie ich, einen Beruf hat, der Kommunikation und soziale Kompetenz als Kernthemen beinhaltet, gilt es aufzupassen, dass man nicht in jeder kritischen Familiensituation (Liebeskummer, Streit, Scheidung, Konflikte im Beruf und anderes) als exklusive Beraterin, Vermittlerin, Mediatorin eingesetzt wird. Dort dürfen wir dann aufmerksam sein, denn auch wenn es keiner der Beteiligten böse meint, droht damit ein Stück weit die Gefahr, »verschlissen« zu werden.

Meine Erkenntnisse fürs Leben

- Familie ist ein großartiger Lernort. Du lernst extrem viele Kompetenzen und Ressourcen im Bereich Kommunikation und soziale Skills.
- Diese Ressourcen und Kompetenzen darfst du auch in deine anderen Lebensbereiche übertragen.
- Sei sensibel für die unterschiedlichen Arten, wie Menschen denken, fühlen, kommunizieren und handeln.
- Bleibe bei dir. Lasse dich nicht einspannen für die jeweiligen Bedürfnisse verschiedener Familienangehöriger.
- Lerne, dich abzugrenzen, und nimm emotionale Themen nicht persönlich.
- Behalte deinen kühlen Kopf. Über viele Themen darf man eine Nacht schlafen.

- Schaue, was du in der Patchworkfamilie über Führung lernst.
- Sei dir dessen bewusst und nutze diese Kompetenzen auch in anderen Lebensbereichen, zum Beispiel in deinem Unternehmen, deiner Organisation. Was genau lernst du? Du lernst dort zum Beispiel:

- Vorbild sein,
- Ziele setzen,
- Feedback geben,
- Sicherheit geben,
- Zeitmanagement,
- Prioritäten setzen,
- Delegieren,
- Verhandeln,
- Geduld,
- Gelassenheit,
- Humor,
- Selbstironie.

Bonusmutter zu sein, war von Anbeginn für mich eine Bereicherung. Ich bekam gleichsam schon eine erste Familie geschenkt. Diese habe ich dann mit meiner Lieblingstochter Julie (ich habe »nur« eine Tochter, zwinker.) wunderbar vervollkommnen dürfen. »Leader« einer Patchworkfamilie zu sein, bedarf jedoch grundsätzlich einer sehr guten Selbstführung und Führung der Familienmitglieder. Es ist wie bei New Work in unserer VUCA-Welt: Flexibilität, Agilität, lebenslanges Lernen, empathische und soziale Kompetenzen und nicht zuletzt Resilienz sind unabdingbar.

WILLKOMMEN AUF DER BÜHNE DER VORBILDER

KINDER GUCKEN IMMER. MITARBEITER IRGENDWIE AUCH.

Ich hatte es nie so wirklich mit Erziehungsratgebern. Es gibt ein paar Bücher, die ich großartig finde und tatsächlich von vorne bis hinten verschlungen habe. Generell meine ich jedoch, sollten wir als Eltern nicht der Versuchung anheimfallen, alles und jedes in Büchern nachzulesen und dann zu meinen, so funktioniere das auch mit unseren Kindern. Weit gefehlt. Die rheinische Weisheit »Jeder Jeck ist anders!« trifft ebenso auf unsere Kinder und auf uns selbst zu!

Wovon ich im Hinblick auf Erziehung pauschal wirklich überzeugt bin, ist dies:

»Erziehung ist Vorbild und Liebe.« (Johann Pestalozzi)

In meinen Coachings formuliere ich diesen Satz dann gerne um, passend zum Thema Führung: »Mitarbeiter arbeiten gern, wenn die Führungskraft Vorbild ist und sie wertschätzt.« Vorbild zu sein, ist für mich die absolute Grundlage für Führung. Bereits als Lehrerin habe ich die Erfahrung gemacht, dass ich da vorne vor der Tafel wie auf einer Bühne stehe und ganz genau von den Schülern beobachtet werde. Gefiel den Schülern, was sie sahen, hörten, spürten, hatte ich große Chancen, dass sie mir zuhörten und mitarbeiteten. Diese Bühne, die ich meine, war jedoch weitaus größer: Die Schüler hatten mich im Visier, wie auch immer das jeweils aussah – wohlwollend oder kritisch. Sie schauten mich genau an, wenn sie mich tagsüber in der Stadt trafen. Wenn sie mir beim Sport begegneten. Oder wenn sie am frühen Abend meine regelmäßige Nachrichtensendung im Lokalsender INTV schauten. Meinen Begrüßungssatz »Guten Abend zur Teleschau am Montag ... Dienstag ...« kannte bestimmt jeder. Über Umwege erfuhr ich dann, dass das die meisten Schüler ziemlich cool fanden (»cool« sagte man früher zu fast allem). Abends war ich DIE Moderatorin im TV, morgens dann IHRE Lehrerin im Klassenzimmer. Sei's drum. Auch als Mutter und Führungskraft gilt diese Vorbildrolle. Kinder gucken immer. Mitarbeiter irgendwie auch.

MEINE ERKENNTNISSE FÜRS LEBEN
- Sei dir deiner Vorbildrolle bewusst.
- Fülle sie gerne und von Herzen aus.
- Nutze diese Rolle, um deine Werte, dein Ethos, deine Lebens- und Arbeitsphilosophie authentisch zu leben und somit zu zeigen.
- Bleibe authentisch und verfalle nicht in eine geschauspielerte Rolle.
- Sei dir der Schattenseiten dieser Rolle bewusst: Irgendwer guckt immer, geredet wird immer, du kannst es nie allen recht machen.

KENNST DU WENDY UND BIST DU AUCH EINE?

VOM KÜMMERN UND VERKÜMMERN

Ich gebe es zu: Ich gehöre zu den typischen Kümmerern. Das heißt, wenn ich sehe, dass jemand vermeintlich Unterstützung, Hilfe oder Ähnliches gebrauchen könnte, bin ich eine der Ersten vor Ort. Es steckt mir gleichsam im Blut: Ich habe ein »Kümmer-Gen«. Nun musste ich jedoch im Laufe der Jahre lernen, dass »sich kümmern« durchaus auch negative Seiten haben kann. Eine davon ist, dass der sich Kümmernde achtgeben muss, sich nicht zu verschleißen. Es gibt nämlich durchaus Zeitgenossen, denen gibst du den kleinen Finger und sie nehmen die ganze Hand. Das ist auf Dauer sehr ressourcenbindend – für den Kümmerer. Was ich jedoch noch viel aufschlussreicher finde, ist, das du, wenn du dich permanent und aufopferungsvoll um jemanden kümmerst, ihm gleichsam alles abnimmst, ihm alle Schwierigkeiten aus dem Weg räumst, ihn damit sinnbildlich zu einem Verkümmerten machst. Derjenige verlernt quasi, es selbst zu tun. Seine Ressourcen und

Kompetenzen verkümmern. Und auch seine Neugier, sein Interesse, sein Mut, etwas selbst zu tun, etwas zu erreichen, verkümmern. Dafür gibt es sogar einen Begriff: der Wendy-Effekt oder auch das Wendy-Syndrom.

WAS BEDEUTET DAS GENAU?
Ein Partner verbringt in einer Beziehung viel Energie und Zeit damit, sich um den anderen zu kümmern. Welchen gibt es seit 1983. Der Psychologe Dan Kiley erfand ihn, abgeleitet von der Geschichte von Peter Pan. Kiley beschäftigte sich genauer gesagt mit einer bestimmten Seite von Peter Pan. Der Seite, die einfordert und erwartet, dass jemand bemuttert und umsorgt. Auch wenn es bei der Begrifflichkeit um die Beziehung von Mann und Frau geht, finde ich diesen Begriff auch für andere Beziehungen sehr treffend.

Es gilt zu schauen, dass wir uns nicht zu sehr kümmern, damit der andere tüchtig, handlungsfähig, lebensfähig bleibt und eben nicht »verkümmert«. Hierzu mag ich folgenden Gedanken: »Gib mir deine Hände. Ich werde sie halten, wenn du Angst hast, und ich werde sie wärmen, wenn dir kalt ist. Ich werde sie streicheln, wenn du traurig bist, und ich werde sie loslassen, wenn du frei sein willst.« (N. N.)

Es geht auch bei diesem Thema, wie (beinahe) immer im Leben, um die Balance.

YOU'RE A SUPERGIRL

DEIN MUTMUSKEL UND DU

Vielleicht geht vor deinem geistigen Auge bei dem Wort »Mut« auch gleich eine Schublade auf, in der Superman, Lara Croft und andere stecken. Und vielleicht bist du dir ziemlich sicher, dass du kein Supergirl bist. Eventuell weißt du aber noch nicht einmal so ganz genau, ob du überhaupt mutig bist? Mut wird nämlich oft in der Definition ganz hoch gehängt. Dabei hat Mut viele verschiedene Facetten. Grundsätzlich ist Mut die Fähigkeit, in einer gefährlichen, riskanten Situation seine Angst zu überwinden. Oft liegt die Beurteilung von riskant jedoch im Auge des Betrachters, sprich: Wir definieren das selbst.

Für mich ist Mut im Alltag auch: meine Komfortzone zu verlassen, mich zu trauen, etwas zu wagen, über meinen Schatten zu springen, eine große Überwindung zu schaffen. Es muss folglich nicht immer die große Mutprobe sein, sondern manchmal ein bestimmter Schritt, ein Mutpröbchen. Wann geschieht so etwas?

Immer dann, wenn der Konjunktiv versagt und in den Indikativ wechselt. Will sagen: wenn aus »Ich müsste mal ...« oder »Hätte ich doch ...« ein »Ich mach das jetzt!« wird, zum Beispiel:

- jemand mit Lampenfieber singt auf einer Bühne Karaoke,
- jemand tritt gegen Ungerechtigkeit an,
- jemand sagt »Nein«,
- jemand verändert sein Umfeld,
- jemand verändert seine Situation,
- jemand trennt sich.

»Den Mutigen gehört die Welt« (N. N.), doch »Übermut tut selten gut«. (N. N.)

Mut ist wie ein Muskel, er muss trainiert werden. Eventuell in klitzekleinen Mäuseschritten, eventuell step by step.

Meine Erkenntnisse fürs Leben
- Fange an!
- Suche dir Vorbilder, also Leuchttürme, und orientiere dich daran.
- Suche dir Gelegenheiten zum Üben.
- Sei nicht so streng mit dir.
- Plane Rückschritte ein.
- Sei stolz auf dich, wenn etwas klappt.
- Bleibe dran!

Wir sind tatsächlich überall von Mut umgeben. Oft erscheint er in gar unscheinbarer Gestalt, nicht spektakulär. Doch er ist immer da – irgendwo. Somit ist doch offensichtlich: Wir alle sollten öfter einen »Mutausbruch« wagen.

ICH TANZE AUF ALLEN HOCHZEITEN

DABEI IST MONO-FOKUS DOCH VIEL BESSER

Ich weiß. Es ist so vernünftig, sich stets nur mit einer Sache zu beschäftigen. Als Yogini sollte ich das wissen:

Wenn du gehst, gehe.
Wenn du stehst, stehe.
Wenn du liegst, liege.

So, oder so ähnlich, sagt meine Yogalehrerin immer. Sie ist zum einen sehr (lebens-)klug und zum anderen auch dem Buddhismus etwas zugetan. Hängt das womöglich zusammen? (Zwinker.) Sie hat, wie bei fast allem, auch hiermit recht! Manchmal gleicht mein Arbeiten im Homeoffice wahrhaftig der »Sägeblatt-Metapher« aus dem Zeitmanagement: Was bedeutet das? Nun, weil irgendwie dauernd eine Unterbrechung hereinplatzt, sieht meine Konzentration aus wie das Blatt einer Säge: großer Zacken, kleiner Zacken, großer Zacken. Es gibt nämlich immer mal wieder diese Tage, da werde ich ständig in meiner Arbeit unterbrochen.

- Es ruft ein Kunde an,
- es klingelt eine Kollegin durch,
- es sind drei Zoom-Meetings angesetzt,
- die Handwerker müssen ins Haus,
- der Schornsteinfeger kommt fegen,
- Julie muss eher von der Schule abgeholt werden,
- pling – eine neue Nachricht auf dem Handy,
- piep – der Trockner ist fertig,
- ein anderes Piep – die Spülmaschine auch,
- klingeling – der Postbote kommt.

Eine US-Psychologin fand heraus, dass Menschen, die am Computer oder mit dem Smartphone arbeiten, alle siebenundvierzig Sekunden die App oder Website wechseln. So schlimm ist es bei mir nicht, doch ich muss zugeben, ich wechsle im Homeoffice oft von einer Tätigkeit zur anderen. Das leite ich in meinem Kopf dann immer ein mit: »Mal eben xy machen, noch schnell, xy tun ...«. Und leider bin ich bin extrem empfänglich für sogenanntes Multitasking. Wobei wir alle wissen, dass es nicht wirklich gut funktioniert. Wir können Dinge nur hintereinander erledigen. Oder anders gesagt:

Step by step.

Mein Thema ist jedoch, dass ich so gern und auch oft, mehrere Dinge gleichzeitig initiiere. Um es mit einem technischen Bild zu verdeutlichen: Ich öffne verschiedene Webseiten im Computer und springe ständig von einer zur anderen – während alle immer geöffnet bleiben. Während ich zum Beispiel eine E-Mail schreibe, piepst der Trockner. Ich unterbreche die Mail, räume flott den Trockner aus und lege die Wäsche zusammen. Oder ich ediere einen Text in Social Media und unterbreche die Edition für das Begrüßen des Postboten.

Und ich oute mich hiermit: Manchmal gucke ich sogar einen Film und bin dabei versucht, ab und an auf mein Handy zu schauen. Geht doch gar nicht, oder? Wie klug wäre es, wenn ich stets eine Sache machen, diese beenden würde, mich mit einer kleinen Pause belohnen und mich dann der nächsten Aufgabe zuwenden würde. Immer, wenn ich den Eindruck habe, dass ich richtig gut konzentriert arbeite, zack: Unterbrechung. Meine Konzentration fühlt sich folglich wie das besagte Sägeblatt an: Konzentration auf – Konzentration ab – Konzentration auf – und so weiter. Und es ist sehr mühsam, jedes Mal aufs Neue das Konzentrationslevel wieder auf das Ursprungsniveau anzuheben.

Weitere Studien zeigen, dass Menschen, die im Wissensbereich arbeiten, manchmal in einer Stunde fünfzehn Mal unterbrochen werden. Das ist im Schnitt eine Unterbrechung alle vier Minuten. Was für ein Bruchstück-Arbeitstag, fremdbestimmt obendrein. In jedem Fall, ob von außen unterbrochen oder durch eigene innere Verlockungen – wie mal kurz aufs Handy gucken –, verliere ich extrem an Effizienz. Um das Coachees zu erläutern, erzähle ich gern von einer Taschenlampe: Machst du die Taschenlampe an und richtest sie auf einen Gegenstand, kannst du nach einem Moment den Gegenstand gut erkennen, er ist in deinem Fokus. Hältst du die Lampe dagegen hektisch nacheinander auf ganz verschiedene Gegenstände, kannst du nicht mehr fokussieren. So ähnlich ist das, wenn wir bei unserer Arbeit immer wieder unterbrochen werden.

Meine Erkenntnisse fürs Leben

- Ich muss mir dieses Problems zunächst einmal bewusst werden. Dieses Auf und Ab meiner Konzentration führt nämlich maßgeblich zu Erschöpfung. Unser Gehirn braucht bei komplexen Aufgaben eine ganze Zeit, um wieder an das Konzentrationslevel von vor der Unterbrechung anzuknüpfen.
- Ich mache mir einen Tagesplan und richte somit eine Tagesstruktur ein. Das heißt, für anspruchsvolle Aufgaben plane ich feste Zeiträume ein. Damit kann ich eine gewisse Routine initiieren. Ergänzend dazu kann ich diese bestimmten time slots Kollegen kommunizieren. Das bedeutet, feste Zeiten oder gar fixe Termine für Telefonate, Gespräche festzulegen. Ich bin zwar erreichbar, doch vertrauten Personen ist bekannt, wann ich am liebsten erreichbar sein möchte.
- Ich plane große Zeitinseln für Prioritäten ein und bin fein damit, dass diese von kleineren, nicht so wichtigen Tätigkeiten umspült werden dürfen.
- Ich plane ebenso regelmäßige Pausen ein. Nach einer erledigten Aufgabe renne ich nicht sofort zur nächsten, sondern mache zunächst eine kleine Pause. Pausen haben Berechtigung, ich nehme sie wichtig. Wenn ich es eilig habe, gehe ich extra langsam. Ich habe für mich festgestellt, dass es wirklich Sinn macht, gerade in hektischen Zeiten ganz in Ruhe eines nach dem anderen zu erledigen. Ich bin dann wesentlich konzentrierter, fokussierter und mache weniger Fehler. Die Qualität meiner Arbeit nimmt zu.
- Ich schreibe, wenn ich unterbrochen werde, jeweils kurz bevor ich den Anruf entgegennehme, an die Haustür gehe oder Ähnliches, kurze Stichworte auf. Dann erledige ich die Unterbrechung. Und nach der Unterbrechung finde ich durch die Stichworte sofort wieder den Anschluss an meine Arbeit.

- Ich habe tatsächlich in meinem Büro und sogar im Badezimmer Post-its verteilt, auf denen mein kleiner Reminder steht: »Stephanie! Eins nach dem anderen!«
- Um mich bewusst zu konzentrieren, achte ich auf meinen Atem: viermal durch die Nase einatmen – ein bisschen Pause – sechsmal durch die Nase ausatmen.

Es ist extrem verlockend, den imaginären To-pay-attention-to-Schildern verschiedener Themen Folge zu leisten. Dabei sagt der Volksmund doch so schön: Wir »schenken Aufmerksamkeit«. »Schenken« ist etwas Wertvolles, etwas Besonderes. Weshalb degradieren wir »Zeit schenken« im Alltag dann so, indem wir von einem zum anderen hüpfen? Wie kann ich mich also disziplinieren? Wie kann ich klüger meine Zeit »verschenken«? Probier es gern auch mal mit den Tipps aus meinen Erkenntnissen.

ICH LIEBE MEIN SMARTPHONE

IST DIESE LIEBE GUT FÜR MICH?

Ich finde Smartphones zweifellos eine großartige Erfindung. Und ich bin total happy, dass mir mein Smartphone so unglaublich mein Leben erleichtert – daheim und auf Reisen:

- Es weckt mich.
- Es erinnert mich an Termine.
- Es archiviert meine Notizen.
- Es nimmt meine O-Töne auf.
- Es spielt meine Lieblingsmusik.
- Es zeigt mir Videos.
- Es verbindet mich mit meinen sozialen Netzwerken und vieles mehr.

Telefonieren, whatsappen, e-mailen kann ich damit ja auch noch. Hach, irgendwie ist so ein Smartphone eben eine eierlegende Wollmilchsau. Diesen Begriff habe ich in Bayern gelernt, als ich dort gelebt habe. Nun gibt es für viele von uns aber ein großes Problem: Wir lieben unsere Smartphones und das, was sie können, so sehr, dass wir ganz viel Zeit mit ihnen verbringen.

Du kennst sicher das Lied von Tim Bendzko, in dem er genau das beschreibt:

Noch 148 Mails checken
Wer weiß, was mir dann noch passiert
Denn es passiert so viel [...]

Noch 148 713 Mails checken
Wer weiß, was mir dann noch passiert
Denn es passiert so viel [...]

Muss nur noch kurz die Welt retten
Und gleich danach bin ich wieder bei dir.

(Writers: Tim Bendzko, Simon Triebel, Mo Brandis)

Ab einem gewissen Maß ist es allerdings extrem ungesund, so viel Zeit im Netz, mit den Händen am Touchscreen des Handys zu verbringen.

Meine Erkenntnisse fürs Leben

- Nimm dir für bestimmte Themen Zeitfenster. Zum Beispiel: E-Mails checken von x bis y Uhr. WhatsApps lesen von x bis y Uhr. Social Networking von x bis y Uhr. So kannst du dich jeweils gut auf die Nutzung konzentrieren, sie genießen und bist jedoch nicht ständig in der Versuchung, dein Handy in die Hand zu nehmen.
- Setze dir ein Zeitlimit. Das ist die einfachste Methode, um deine Handyzeit zu reduzieren.
- Nicht so einfach? Dann stell dir eine Sperre in deinem Smartphone ein. Zum Beispiel für zweiundzwanzig Uhr. Somit kommst du nach zweiundzwanzig Uhr nicht mehr in Versuchung, es zu benutzen.

- Stelle ab einer bestimmten Uhrzeit oder auch für einen bestimmten Zeitraum deine Benachrichtigungen aus. Verzichte auf Töne, die Nachrichten jeglicher Art ankündigen.
- Stelle dir Graustufen ein, um dich gleichsam selbst zu überlisten. Die Benutzung des Smartphones macht eindeutig weniger Spaß, wenn du alles schwarz-weiß siehst.

GESCHICHTEN AUS DEM NÄHKÄSTCHEN

KÖNNEN SIE AUCH SPRECHEN?

MEIN LEBEN IN ZWEI WELTEN

Manchmal muss ich für einen neuen Job in einem Unternehmen, das mich und meine Arbeit noch nicht kennt, einen Lebenslauf oder ein Coach-Profil einreichen. Wenn ich das Dokument dafür jeweils aktualisiere, sehe ich, wie (schön, finde ich) bunt mein CV ist. Es ist ganz eindeutig: Ich bin eine Frau der Umwege, die mich an mein Ziel geführt haben. Welches Ziel? Nun, mein heutiges Leben.

Meine kleine, feine Karriere begann mit dem Beruf, von dem meine Mutter sagte, ich hätte bereits im Sandkasten verkündet, dass ich ihn ergreifen wolle: Lehrerin. Und tatsächlich: Ich habe Gymnasiumlehramt studiert und das Zweite Staatsexamen erfolgreich in den Fächern Germanistik, Katholische Theologie (Nebenfächer: Pädagogik, Soziologie und Psychologie) abgeschlossen. Somit war ich einmal Gymnasiallehrerin. Darüber hinaus habe ich zeitgleich zum zweiten Staatsexamen auch meine Promotion in Germanistik mit dem Thema »Fabeln des siebzehnten Jahrhunderts« erfolgreich beendet.

Gerne möchte ich dir ausführen, warum ich Lehrerin geworden bin: Ich mag Menschen sehr, ich liebe Sprache und Kommunikation und empfinde das Leben von Werten extrem wichtig. Nun auch gleich die Erläuterung, warum ich dann keine Lehrerin geblieben bin: Da ich Halbwaise war, musste ich im Studium Geld verdienen. Es bot sich ein Job als Assistentin bei meinem Altphilologie-Professor an. Als viel lukrativer stellte sich jedoch der Job als Model dar. Und flugs baute das Leben die Brücke zur Moderation: Bei einem Casting für ein Fotoshooting fragte mich die leitende Redakteurin, ob ich »sprechen« könne. Ich schaute sie verwirrt an und antwortete: »Ja, ich kann sprechen.« So wurde ich in einem zweiten Studio für die Moderation der Regionalnachrichten gecastet und bekam den Job.

Fortan lebte ich in zwei Welten: Gymnasium – Model und Moderation. Irgendwann traf ich die wohl überlegte Entscheidung, die Schule und damit das Beamtentum hinter mir zu lassen und zunächst bewusst für den Zeitraum von zwei Jahren in diese meine zweite Welt komplett einzutauchen, um zu versuchen, dort meinen Lebensunterhalt zu verdienen.

Das war übrigens der einzige Moment in meinem Leben, in dem sich meine Mama liebevoll einmischte. Ihre Worte lauteten: »Kind, hast du dir das auch gut überlegt? So als Frau ist Beamtin doch eine tolle Sache – und so sicher!« Ich beruhigte sie, indem ich ihr erklärte, dass ich es zunächst nur für zwei Jahre versuchen wolle. Sollte ich dabei verhungern und meine monatlichen Kosten für Wohnung, Auto, Versicherungen et cetera nicht mehr bezahlen können, würde ich mich zurück in mein erstes Leben begeben. Mein Ausstieg aus dem Beamtentum wertete ich folglich nie als mutig, sondern als kalkuliertes Risiko.

Kurzum: Inzwischen bin ich fast dreißig Jahre mit Leib und Seele Moderatorin. Vor dreiundzwanzig Jahren habe ich zudem eine Ausbildung zum Coach und zur Trainerin gemacht. Was ist nun die Moral von meiner persönlichen

Geschichte? Umwege lohnen sich! Sie erhöhen eindeutig die Ortskenntnis. Das heißt, sie zeigen dir, wer und was du sein möchtest und wer und was eben nicht. Falls du dich auch auf einem Umweg befindest oder überlegst, einen Umweg einzuschlagen, können meine Erfahrungen dich vielleicht unterstützen.

Meine Erkenntnisse fürs Leben
- Sei mutig, doch kalkuliere bodenständig das Risiko, das du eingehst.
- Habe einen »roten Faden« in deinem (Berufs-)Leben. Behalte ihn im Auge.
- Sei dir und deinen persönlichen Werten treu.
- Folge deinen Wünschen, Träumen, deinem persönlichen Glück – oder dem, was du dafür hältst.
- Stehe zu deinen (Lebens-)Entscheidungen. Vielleicht wirst du sie nachher korrigieren. Das wäre okay. Doch stehe zu ihnen.
- Manchmal fallen dir die Lebensthemen zu. Dann schaue genau hin und greife zu. Ich glaube daran, dass Zufälle das sind, was uns zufällt.

Mein Fazit
Wenn du ein »bunter Vogel« bist, wenn du ein bisschen anders bist als die anderen, wenn du mehrere berufliche Standbeine hast: alles gut. Du bist okay! Vielleicht geht es dir sogar wie mir: Meine Berufe sind synergetisch. Das heißt, sie ergänzen sich für mich ganz großartig. Auf der Bühne bin ich immer auch ein bisschen Coach und als Coach immer auch ein bisschen wie auf der Bühne: Ich bin eine Geschichtenerzählerin und Infotainerin – mit Hirn und Herz.

BUNTE VÖGEL

SICH FÜR NICHTS ZU SCHADE SEIN

Von meiner Biografie hast du inzwischen einiges gelesen. Ich finde sie durchaus von bunter Vielfalt geprägt, nicht Mainstream eben. Neben den bereits aufgeführten Stationen gehört zu meinem Leben noch eine Ausbildung zur Arzthelferin (vor dem Studium), die Arbeit als wissenschaftliche Assistentin bei meinem späteren Doktorvater, Lektorin bei einer Werbeagentur, Dozentin an einem Krankenhaus, Nachrichtensprecherin, Außenreporterin, Buchautorin, Mentorin, Botschafterin für einen gemeinnützigen Verein, Botschafterin für eine Universität und Homeshopping-Moderatorin. Ich selbst sehe ganz deutlich einen »roten (Lebens-)Faden«: Menschen, Kommunikation, Social Skills, Infotainment, Valuetainment. Jede meiner beruflichen Stationen traf in meinem Umfeld auf respektvolles Feedback. Während meiner neunjährigen Station bei einem bayerischen Teleshopping-Sender traf ich jedoch oft auf deutliches Unverständnis.

»Wieso moderierst **du** denn da?«
»Ist das wohl gut für **deine** Karriere?«
»Verbrennst du da nicht **dein** Gesicht?«

Manchmal lag mir dann als flotte Antwort ein »Ich war jung – ich brauchte das Geld« auf den Lippen. Tatsächlich war es jedoch ganz anders. Meine damalige Agentur vermittelte mich erfolgreich für Galas, Filme, Messen und anderes, als das Angebot für den Teleshopping-Sender kam. Bevor ich zum Casting ging, habe ich bewusst das Pro und Contra dazu abgewogen. Als ich schließlich als Moderatorin eingestellt wurde (zunächst als freie Mitarbeiterin, dann als angestellte Moderatorin), begann für mich eine wunderbare, großartige Zeit, die ich nicht missen möchte und zu der ich absolut stehe. Ich habe unendlich viel gelernt, von dem ich auch heute noch profitiere. Was ich genau gelernt habe?

Meine Erkenntnisse fürs Leben

- Disziplin: Ich habe meist die Frühsendungen moderiert, Beginn sechs Uhr. Dafür musste ich um zwei Uhr aufstehen.
- Flexibilität: Ich habe fast alle Produkte verkauft – Autopolitur, Computer, Sportgeräte, Kochutensilien, Kosmetik, Nahrungsergänzung, Gartenprodukte, Haarpflege, Schmuck, Mode, Beauty und anderes. Ich musste mich dafür adäquat auf jeden Themenbereich sehr gut vorbereiten, mich einarbeiten.
- Absolute Verlässlichkeit: Es war durchaus üblich, am Stück zwei, drei oder vier Stunden on air zu sein. Da galt es, in jeder Sekunde präsent zu sein. Schließlich schauten teils eine Million Menschen oder mehr zu.
- Teamfähigkeit: Eine Sendung oder Show ist absolutes Teamwork. Alle Beteiligten müssen wie kleine Zahnräder in einem Getriebe ineinandergreifen und performen.
- Verkaufen: Es ist nicht zu unterschätzen, wie schwierig es ist, ein Produkt zu verkaufen, wenn man den potenziellen Käufer nicht vor sich hat. Ich habe immer versucht, mir Lebenssituationen vorzustellen, in der Menschen bestimmte Produkte besitzen möchten. Dazu habe ich dann Geschichten erzählt.

- Live arbeiten: Wenn in der einen Sendung an der Studiodekoration gearbeitet wurde, fand in einer anderen – im gleichen Raum – bereits der Umbau statt und/oder die Gäste kamen. Davon durfte man sich in der Live-Moderation nicht ablenken lassen.
- Umgang mit Erfolgsdruck: Die Erwartungen an sehr guten Umsatz pro Sendung waren enorm. Egal, ob ich morgens um sechs Uhr in der Früh an einem Sonntag oder um zweiundzwanzig Uhr an einem Samstagabend on air war. Die Zahlen mussten stimmen, »der Rubel« für den Sender »rollen«.

Meine Inspirationen für dich
- Liebe, was tust.
- Sei dir für keine Arbeit zu schade. Jede Arbeit ist wichtig und sinnvoll.
- Mache deine Arbeit jeden Tag aufs Neue mit ganzem Herzen und so gut du kannst.
- Bleibe dankbar und demütig, Erfolg ist immer Teamwork.
- Bleibe neugierig, offen für Neues und lerne – jeden Tag!

Mein Fazit
Jede Arbeit ist wichtig und sinnvoll. Ich habe meiner Tochter immer versucht vorzuleben, dass wir jeden Menschen mit Respekt und Wertschätzung behandeln, weil er mit seiner Arbeit zum Funktionieren unseres Systems beiträgt. Julie hat zum Beispiel schon mit zwei Jahren unseren Müllmännern herzlich vom Fenster aus zugewunken und sich bedankt, dass die Männer den Müll mitgenommen haben. Wenn man sie fragte, warum sie das tue, antwortete sie: »Oh, die sind ganz lieb. Die nehmen immer meine Kacka-Windeln mit!«

ICH KLEIDE MICH AM LIEBSTEN MIT HUMOR

ANSONSTEN TRAGE ICH ABER AUCH GERN SCHÖNE KLEIDUNG

Magst du den Satz: »In einem gewissen Alter sollten sich Frauen altersgerecht – oder besser noch altersgemäß – kleiden«? Also mir persönlich geht es so, dass, wann immer ich diesen Satz höre oder lese, ich mich innerlich irgendwie darüber aufrege. Warum? Als »gestandene Frau« möchte ich doch bitte schön selbst entscheiden, was ich trage. Und das ist unabhängig von meinem Alter, den gesellschaftlichen Erwartungen und/oder modischen Diktaten. Ich finde, dass es nicht darum geht, was ich »darf«, sondern darum, was ich selbst »möchte«. Zugegeben, diese Haltung, dieses Mindset zieht sich wie ein roter Faden durch mein Leben. Ich habe mich nie über mein Alter definiert. Genauso wenig vor dem Älterwerden gefürchtet. Im Gegenteil! Ich sehe ganz viele Vorteile im Älterwerden: Weisheit, Selbstbewusstsein, Gelassenheit, ein besseres Verständnis für mich, Authentizität, Erfülltheit. Die gesellschaftlichen Erwartungen und der Druck, dem sich Frauen früher oft beugten, beugen mussten, verlieren zunehmend an Bedeutung. Gott sei Dank! Stattdessen genießen wir älteren Frauen unsere Freiheit, definieren eigene Regeln und leben, soweit es die Umstände zulassen, nach eigenen Vorstellungen.

Frauen in meinem Alter befinden sich heute in einer Phase in ihrem Leben, in der sie sich, in der wir uns von äußeren Zwängen und Erwartungen Schritt für Schritt befreien wollen. Die Jahre, unsere Lebensjahre, haben uns gezeigt, dass unsere echte Freiheit darin liegt, unsere eigenen Entscheidungen zu treffen und uns nicht (mehr) von den Meinungen anderer leiten – verleiten? – zu lassen. Diese Einstellung, dieses Mindset spiegelt sich auch in unserer Kleidung wider. Sie ist der Spiegel für unser Inneres, für unsere Befindlichkeit.

Die Modeindustrie und auch die Gesellschaft haben heute immer noch, ja sogar wir selbst haben häufig immer noch bestimmte Vorstellungen davon, was in einem gewissen Alter »angemessen« ist. Da dürfen wir uns – so meine ich – von Glaubenssätzen wie »Kleider machen Leute« und »Wie du kommst gegangen, so wirst du auch empfangen« distanzieren. Sicher beinhalten diese Sätze bis heute ein Stück Wahrheit. Dennoch habe ich mich im Laufe der Jahre davon (etwas) frei gemacht und definiere meine Kleiderwahl heute anders. Schließlich kommen und gehen Modetrends und das, was heute als unkonventionell oder unangebracht gilt, kann morgen schon als stilvoll oder modern angesehen werden – und umgekehrt. Eine kleine Anmerkung: Schau dir doch einmal Fotos von deiner Mutter von vor zwanzig oder dreißig Jahren an. Dann siehst du sicher, was ich meine!

Ich jedenfalls greife heute nicht in die Mottenkiste, nur weil mein Geburtsdatum 1968 ist. Wenn ich im Sommer Lust habe, eine Jeanslatzhose anzuziehen, tue ich das. Ich definiere meine persönliche Weiblichkeit und meine Identität nicht durch das, was andere von mir erwarten. Sondern durch das, was ich für richtig halte. Es ist meine ganz persönliche Mischung aus dem Respekt für gesellschaftliche Normen und der Gelassenheit, diese zu »brechen«, wenn sie nicht mit meinem Selbstverständnis übereinstimmen.

Dem Künstler Pablo Picasso wird der folgende Satz nachgesagt: »Lerne die Regeln wie ein Profi, damit du sie wie ein Künstler brechen kannst.« Bitte verstehe mich nicht falsch: Ich bin keine Rebellin, die gegen Regeln ankämpft. Mir geht es darum, mit Anstand und Selbstrespekt durch dieses Leben zu gehen – in jedem Alter! Denn ich finde, das Leben ist zu kurz, um es in grauen Anzügen und festgefahrenen Rollen zu verbringen. Wenn ich folglich ein rotes Kleid trage oder knallgrüne Schuhe zu einem sonst schlichten Outfit kombiniere, dann tue ich das nicht, um zu provozieren oder gar zu schockieren, sondern um dieses Leben in seiner ganzen Vielfalt zu genießen. Schließlich geht es in erster Linie nicht um unser Aussehen, sondern auch darum, wie wir uns fühlen und was wir mit unserer Kleidung zum Ausdruck bringen wollen. Ich fühle mich – dem lieben Gott sei Dank – sehr lebendig, selbstbewusst und frei. Das mag ich auch mit meiner Kleidung leben und ausdrücken.

Meine Erkenntnisse fürs Leben

- Schaue, was genau der Anlass ist, für den du dich kleidest. Gibt es einen Dresscode? Daran orientiere ich mich gern. Denn ich bin ungerne underdressed oder overdressed.
- Wer kommt zu diesem Anlass?
- Was möchte ich mit meiner Kleidung ausdrücken, zeigen?
- Ein Glaubenssatz greift in meinen Augen immer noch: »Sich gut zu kleiden, ist ein Ausdruck guter Manieren.« (Tom Ford)
  Ein gutes Restaurant betrete ich persönlich nicht in sehr legeren Jeans, ein schönes Klavierkonzert besuche ich nicht in Alltagsgarderobe, eine Ballettaufführung genieße ich ebenfalls nicht in einer Wohlfühl-Klamotte und in einen Businesstermin gehe ich ebenso adäquat gekleidet. Mein »adäquat« definiere ich folgendermaßen: Ich zeige generell und darüber hinaus auch mit meiner Garderobe dem jeweiligen Künstler, der jeweiligen Location, meinem jeweiligen Gesprächspartner meinen Respekt.
- Kleine Einschränkung: Im Beruf traue ich mich heute immer öfter, auf meine Intuition zu hören. Während ich früher noch überzeugt war, ein Coach müsse stets Anzug oder Kostüm tragen, greife ich heute gern auch einmal zu einem schönen Kleid, wenn mir danach ist und ich glaube, dass es dem Kunden »adäquat« ist. Ich glaube nämlich, dass »Selbstvertrauen [...] das beste Mode-Accessoire.« ist (Vivien Westwood).
- By the way: »Humor ist eines der besten Kleidungsstücke« (N. N.), ergänzt durch fachliche, kommunikative und soziale Kompetenz!

BEST BUDDIES

ICH UND ICH

Ich neige tatsächlich immer noch dazu, trotz aller vermeintlichen »Weisheit des Alters« zu streng mit mir zu sein. Obwohl ich meine Glaubenssätze enttarnt und mich auch erfolgreich, zumindest so gut es eben ging, davon freigemacht habe, gibt es Momente, in denen ich mich nach wie vor über das gesunde Maß pushe, mir viel zu viel abverlange und mich selbst behandle, als sei ich meine eigene Gouvernante. Kennst du das? Bist du auch manchmal so extrem streng zu dir selbst? Schwirren in deinem Kopf dann selbstkritische Gedanken herum? Zum Beispiel:

- Nach einer bestimmten Begegnung denkst du: »Da war ich definitiv nicht kommunikativ und/oder empathisch genug!«
- Nach einem Gespräch meinst du: »Da habe ich mich nun echt missverständlich ausgedrückt!«
- Nach einem beruflichen Auftrag ziehst du die Bilanz: »Das hätte ich noch viel, viel besser machen können!«
- Wenn deine Kinder schon größer sind, reflektierst du dich als Mama: »Da habe ich im Umgang, in der Erziehung so viel falsch gemacht!«
- Wenn es Streit in deiner Beziehung gab, rügst du dich selbst: »Da habe ich mich grob unfair meinem Partner gegenüber verhalten!«

- Als Vorgesetzte und/oder Führungskraft gehst du nach einem Mitarbeitergespräch mit dir ins Gericht: »Da habe ich wahrhaftig nicht genug Wertschätzung gezeigt!«
- Nach deiner Mittagspause mit einem Kollegen grübelst du im Nachgang: »Da hätte ich viel, viel besser zuhören sollen!«

Als Mensch und natürlich insbesondere als Coach bin ich eine große Freundin von regelmäßiger Selbstreflexion und auch von gesunder Selbstkritik. Was ich jedoch definitiv für extrem ungesund und auch komplett unnütz halte, ist Selbstzerfleischung. Was meine ich damit? Wir sind oft viel, viel kritischer und strenger mit uns als mit anderen Menschen. Wir verzeihen uns viel, viel weniger – oder gar nichts – und verbleiben oft in einer uns zermalmenden, uns so klein machenden Kritik. Das ist, gerade weil wir es selbst initiieren, sehr deprimierend und demotivierend. Ich persönlich habe irgendwann beschlossen, mir selbst eine wirklich gute Freundin zu sein. Das gelingt mir, bis auf Ausnahmen, immer besser. In Summe kann ich sagen: Heute bin mir eine gute Freundin. Nicht nonstop, jedoch immer öfter. Das heißt, meine Freundschaft mit mir wächst.

Meine Erkenntnisse fürs Leben

- Ich verzeihe mir, wenn ich meine, eine eher ungünstige Begegnung oder ein ungünstiges Gespräch gehabt zu haben. Vielmehr analysiere ich und versuche, daraus für das nächste Mal zu lernen, sodass ich es bei der nächsten Gelegenheit definitiv besser machen kann.
- Ich behandle mich gut. Ich sorge für mich – so wie ich für eine gute Freundin sorgen würde, wenn sie es braucht und möchte. Ich sorge für genügend Pausen, gesunden Schlaf, gut zu trinken und zu essen.
- Ich denke gut von mir. Das heißt, ich führe positive, motivierende Selbstgespräche und/oder Monologe (leise in meinem Kopf). Ich lobe mich für eine Leistung, so wie ich ganz selbstverständlich aus dem Herzen heraus andere Menschen lobe. Lob und positive Verstärkung

sind so wichtig für uns Menschen. Lob ist gleichsam Futter für unsere »seelische Lohntüte«.
- In gewissen Situationen mache ich mir bewusst selber Mut: »Du schaffst das!«, »Das wird gut!«, »Glaube an dich!«.

Kurzum

Ich gebe mir achtsam all die Empathie und Fürsorge, die ich anderen Menschen und auch Lebewesen so selbstverständlich gebe. Mache du das bitte auch! Denke an die bekannte Kosmetikwerbung für amerikanisches Make-up und Pflegeprodukte: »Weil ich es mir wert bin!« Sei du es dir wert!

Das Ergebnis:

Indem ich die zerfleischende Kritik an mir selbst unterlasse, gewinne ich an Selbstliebe (in einem gesunden Maß) sowie an Gelassenheit. Dadurch wiederum gewinne ich ein großes Stück innerer Freiheit. Der Effekt ist erstaunlich: Wenn wir uns Selbstwert geben, wenn wir uns selbst loben und gut behandeln, sind wir nicht (mehr so sehr) auf das Lob von anderen Menschen angewiesen. Davon profitieren wir sehr. Und unsere Mitmenschen, unser soziales Umfeld profitieren davon auch. Eine absolute Win-win-win-Situation.

HAND DRAUF!

DIE GUTEN ALTEN TUGENDEN

In Ostfriesland, wo ich aufgewachsen bin, sagt man Sätze wie »Der Fisch stinkt vom Kopf« und spricht vom »ehrbaren Kaufmann«. »Der Fisch stinkt vom Kopf« ist ein Satz, den ich als Metapher auch in meinen Führungs-Coachings verwende. »Ehrbarer Kaufmann« ist ebenso eine Metapher, die ich generell liebe. Ich assoziiere damit ein Self-Commitment, also eine Selbstverpflichtung, eine Eigenverpflichtung. Im beruflichen Kontext natürlich dem jeweiligen Beruf gegenüber. Für mich gilt das nämlich durch die Bank weg für jeden Beruf und nicht nur für den Berufsstand des Kaufmanns.

Du fragst dich vielleicht, woher denn überhaupt dieser Begriff stammt? Er wurde das erste Mal im Mittelalter verwendet. Das Leitbild des »ehrbaren Kaufmannes« bezeichnete den Händler als redliche (ein schönes altes Wort, nicht wahr?), aufrichtige Person, die sich zum einen durch wirtschaftliches Geschick, zum anderen durch positive Charakterzüge und Tugenden wie Gerechtigkeitssinn, Fleiß, Mäßigung (auch ein altes Wort) und selbstverständlich Ehrlichkeit auszeichnete. Der Begriff vereint das hohe Berufsethos des Kaufmanns mit einem Verhaltenskodex gegenüber Mitarbeitenden, Geschäftspartnern und Kunden, heute würde man sagen Stakeholdern. Dieses Leitbild ist tatsächlich aus der Gemeinschaft der Händler selbst heraus entstanden. Sie wollten sich damit auf Integrität und gute Absichten festlegen. Das Etablieren dieses Leitbildes verbesserte ihr öffentliches Ansehen als Gilde und somit das jedes einzelnen Vertreters innerhalb dieser Gilde. Auch wenn die Definition mehrere nicht mehr unbedingt moderne Wörter beinhaltet, finde ich den Gedanken des »ehrbaren Kaufmannes« als solchen immerwährend aktuell. Gerade weil wir es heute oft mit uns nicht persönlich bekannten Unternehmen zu tun haben, bleibt der Wert eines Berufsethos. Jeder von uns sollte sich meiner Meinung nach zum Leitbild des »ehrbaren Kaufmannes« committen. Verlässlichkeit, hohes Wertebewusstsein, ehrenhafte Praktiken, starke Bindungen, Fairness, Versprechen halten: Das alles sollte selbstverständlich sein. Ich sollte außerdem zu dem stehen, was ich kann, und zu dem, was ich nicht kann. Abgesehen davon haben folgende Sprichwörter diesbezüglich absolute Aussagekraft: »Lügen haben kurze Beine«. Will sagen, es ist immer besser, ehrlich zu sein. Über kurz oder lang wird jede Unwahrheit aufgedeckt. Und: »Wer immer die Wahrheit sagt, kann sich ein schlechtes Gedächtnis leisten.« (Theodor Heuss) Den Satz finde ich klasse, da er mein Mindset komplett abdeckt. Erstens mag ich keine Unwahrheiten. Und zweitens glaube ich, dass Lügen wirklich anstrengend ist. Als Lügner müsste man sich ja immer merken, wen man wann wie angelogen hat. Puh! Nein! Ich bin ein Wahrheitsfan!

Darüber hinaus: Ich fühle mich in all meinen Berufen, als Coach, als Moderatorin, als Mentorin, als Buchautorin, und ebenso auch in meinen Ehrenämtern, als Botschafterin, als »ehrbarer Kaufmann«. Für mich war dieses Self-Commitment immer eine Selbstverständlichkeit. So bin ich sozialisiert, so lebe ich und so möchte ich es vorleben. Es mag altmodisch anmuten (anmuten ist auch ein altmodisches Wort, oder?), doch ich finde, ein paar bestimmte traditionelle Werte tun uns in unserer Gesellschaft heute sehr, sehr gut.

MEINE ERKENNTNISSE FÜRS LEBEN
- Denke und sprich die Wahrheit!
- Handle stets so, dass es für alle Beteiligten eine bestmögliche Win-win-Situation ist.
- Sei nicht gierig!
- Bleibe geerdet. Auch wenn du erfolgreich bist, wisse, was wirklich wichtig im Leben ist: Respekt und Wertschätzung anderen Menschen gegenüber.
- Wahrer Erfolg ist immer Teamleistung. Sei ein Teamplayer. Sei dankbar für das Miteinander.

IST MAN ZU BLÖD ZUM SCHWIMMEN, WENN MAN ÜBERS WASSER LAUFEN KANN?

IRGENDWER FINDET IMMER ETWAS AUSZUSETZEN

Sicher kennst du die Aussage »Reisen bildet«. Ich persönlich finde, dieser Satz stimmt in vielerlei Hinsicht. Woran ich das festmache? Nun, für mich bedeutet das, dass ich mich in Warteschlangen, in Wartebereichen, im Flugzeug, im Taxi, in Restaurants und an vielen anderen Orten gern umschaue und die Menschen beobachte. In unserer Familie pflegen wir den sehr liebevoll gemeinten Satz: »Der liebe Gott hat einen großen Garten«. Damit ist gemeint, dass es so viele unterschiedliche Menschen auf dieser Welt gibt. Sie alle sehen verschieden aus, haben ihre Sprache, ihre Kultur, ihre Gewohnheiten, ihre Sozialisierung, ihre Bildung und vieles andere mehr. Ich finde das extrem spannend, interessant und lehrreich. Wie schrecklich wäre es, wie eintönig, wenn wir uns alle extrem ähneln würden. Dann hätte ich den Eindruck, dass wir alle Klone sind.

Es kann so sehr inspirierend sein, auf Menschen zu treffen, die anders denken, fühlen, reden und auch handeln als ich. Was für ein großartiger Anlass zu lernen kann der Input durch diese anderen Menschen sein. Wie langweilig, wenn wir alle das Gleiche wüssten. Außerdem würde es dann keinen Fortschritt, keine Weiterentwicklung gegeben haben und geben. Als bekennend »Dauerlernende« komme ich folglich gerne mit anderen in Kontakt. Andere Länder – andere Sitten.

Seit nunmehr vierundzwanzig Jahren darf ich Jahr für Jahr im Sommer Einblick nehmen in die kanadische und auch die libanesische Welt. Wir haben nämlich in Nova Scotia, Kanada, sowohl kanadische als auch libanesische Freunde. Dort erlebe ich immer wieder, wie offen und interessiert man generell Menschen aus anderen Ländern begegnet. Es gibt fast kein Geschäft, kein Restaurant, in dem nicht ein kleines, feines Gespräch darüber entsteht, wo man herkommt, was man in Kanada macht und wo man in Deutschland lebt. Wenn ein bisschen Zeit ist, frage ich das gleiche vice versa und höre dann immer spannende Geschichten, die mich teils sehr beeindrucken. Und in den Familien unserer libanesischen Freunde lerne ich etwas über deren

Essen, ihre Gastfreundlichkeit, ihr Heimatland, ihre Kultur und wie unsere Freunde damit umgehen, ausgewandert zu sein. Ich genieße diese besondere Vielfalt an Eindrücken und Begegnungen. Wie großartig! Die Welt ist voller Farben, denn es gibt so viele unterschiedliche Menschen. Im Übrigen brauche ich gar nicht so weit zu reisen, um von Menschen aus anderen Kulturen zu lernen. Auch im Alltag darf ich Italiener, Türken, Polen, Armenier, Spanier, Ukrainer, Rumänen, Tschechen, Vietnamesen (und Hessen, hihi) zu meinem Freundeskreis zählen. Meine Enkelkinder sind kanadisch-deutsch und ich empfinde das in der engeren Familie als echte Bereicherung.

Meine Erkenntnisse fürs Leben

- Die Menschen machen die Welt bunt. Schaue, höre, fühle genau hin. Es gibt viel von anderen zu lernen.
- Respektiere eine andere Kultur, eine andere Sozialisierung. Lerne mit den Augen und den Ohren, wie du dich innerhalb der fremden Kultur bewegen solltest.
- Beachte Grenzen. Meine Grenze beginnt immer da, wo die Grenze meiner Mitmenschen beginnt. Und umgekehrt!
- Schaue nach Weggefährten mit gleichen Werten. Egal, von wo wir ursprünglich stammen, wie wir aufgewachsen sind, wenn uns Werte, Moral und Ethos einen, können wir Freunde sein.
- Sei tolerant, voller Respekt und Wertschätzung für Menschen, die anders sind als du. Jeder hat seine Geschichte, hat seine Gründe, der Mensch geworden zu sein, der er heute ist.
- Gib dir und anderen die Erlaubnis, individuell unterschiedlich zu sein. Niemand kann es allen anderen Menschen recht machen. Das ist in Ordnung so. Arrangiere dich damit. »Du kannst es nicht allen recht machen. Selbst wenn du übers Wasser läufst, kommt sicher einer und fragt, ob du zu blöd zum Schwimmen bist.« (N. N.)

DER WEG IST DAS ZIEL

DIE REISE WÄHREND EINER REISE

Mein Mann liebt lange Autofahrten, besonders durch Amerika und Kanada. Früher habe ich dann manchmal gefragt, ob er es nicht extrem langweilig findet, stundenlang durch wüstenähnliche Landschaften zu fahren, keiner anderen Menschenseele zu begegnen und nichts als Weite um sich herum zu sehen. Seine Antwort war stets: »Stephanie, für mich ist der Weg das Ziel.« Ich persönlich durfte erst lernen, dass eine Reise viel mehr ist als ihr Ziel. Früher war mir die Hin- und Rückreise ein lästiges Übel. Ich wollte am liebsten immer gleich am Ziel sein. Wie gerne hätte ich es gemacht wie die Schauspieler in »Raumschiff Enterprise«, einer TV-Serie, die ich als Kind geschaut habe. Die drei Hauptdarsteller Captain Kirk, Mister Spock und McCoy stellten sich für eine geplante Reise immer in irgendeine Röhre mit besonderen Fertigkeiten. Einer sagte dann: »Beam me up, Scotty«, und schwupps waren die drei dort, wo sie hinwollten. Heute weiß ich, dass für eine bewusst erlebte Reise nicht gebeamt wird, sondern diese gleichsam mit dem ersten Schritt aus unserer Wohnungstür beginnt. Darum verstehe ich heute Johann Wolfgang von Goethe, der neben unendlich vielen sehr, sehr klugen Sätzen auch den folgenden zum Thema Reisen gesagt hat: »Man reist nicht, um anzukommen, sondern um zu reisen.«

Ich genieße mittlerweile auch die An- und Abreisen, die »Zwischendurch-Fahrten« und sogar das Warten in unterschiedlichen Situationen. Warum? Nun, weil es, wenn wir genau hinschauen, unendlich viel zu entdecken gibt. Ich würde mich dann so gerne an den jeweiligen Orten, an den Plätzen hinsetzen, meinen Zeichenblock herausholen und genau die Szenen malen, die sich vor meinen Augen abspielen. Vielleicht hast du einmal die Zeichnungen von Heinrich Zille gesehen. Das war ein Berliner Grafiker und Maler und Fotograf. Er lebte von 1858 bis 1929. In seiner Kunst bevorzugte er Themen aus dem Berliner Volksleben, die er zum einen lokalpatriotisch, jedoch auch sozialkritisch darstellte.

Sich irgendwo hinsetzen, dort die Menschen, die Situationen, die Begegnungen beobachten und mit Zeichnungen als Erinnerungen festhalten. Das fände ich toll! Da es mir jedoch deutlich an Zeichentalent fehlt (ich habe mich seit meiner dritten Schulklasse künstlerisch nicht wirklich weiterentwickelt), bleibt mir nur, diese Momente in meinem Kopf, in meinem Herzen oder mit meiner Handykamera als Foto oder Video festzuhalten. Ich versuche mich dann, zurück zu Hause, wenn ich mir ganz in Ruhe die Bilder anschaue, an meine Gedanken, Gefühle, die Gerüche, den Wind oder Ähnliches zu erinnern und mich dabei gedanklich zurück an diese Orte, Plätze zu begeben.

Diese bewusste, genießende Achtsamkeit möchte ich mir von nun an auch viel, viel mehr in meinem Alltag bewahren. Ich habe mir vorgenommen, weniger durch den Alltag zu flitzen, weniger von Termin zu Termin, von Ziel zu Ziel durchgetaktet zu sein, sondern in der Zukunft immer mal zwischendurch innezuhalten, mich in Gedanken auf ein Plateau zu setzen und ganz achtsam und bewusst den Moment, die Situation, die Menschen, die Begegnungen zu genießen. »Der Weg ist das Ziel.« Das kann auch für unseren Alltag gelten!

Meine Erkenntnisse fürs Leben
- Jeder Moment ist einmalig und kommt niemals wieder! Es ist nicht wie im Theater. Es gibt niemals eine Generalprobe, niemals eine Premiere und auch niemals eine Abfolge von Wiederholungen.
- Ich erlebe jeden Moment mit Dankbarkeit und manchmal Demut. Oftmals mit Freude, manchmal mit Traurigkeit oder sogar Wut und sehr oft mit Staunen. Das Wichtigste: Ich erlebe bewusst!
- Ich integriere jeden Moment in mein persönliches Lebensmosaik. Jeder Moment hat einen Sinn. Jeder Moment gehört zu meinem Leben. Kein Moment ist unwichtig.
- Ich nehme jeden Moment auf in mein persönliches Lebens-Lern-Buch. Menschen sind meine Lehrer. Situationen in ihrer Summe meine persönliche Schule.

Mein Fazit
Der Alltag bietet so unendlich viele solcher großartigen Momente. Ich schaue nun noch genauer hin, höre noch genauer zu, spüre noch genauer nach.

FREUDE AM UMSORGEN

HERZLICH WILLKOMMEN!

Ich war schon immer der Überzeugung, dass Service etwas mit Dienen zu tun hat, und des Weiteren, dass Dienen etwas extrem Ehrenhaftes ist. Ob diese, meine Definition in unserem Land (noch) Allgemeingültigkeit hat, bezweifle ich stark. Wieso? Bilde dir deine Meinung selbst und schau dich dafür in Zukunft einmal bewusst um. Dort, wo du bedient wirst. Oder dort, wo du bedienst. Lass uns nun jedoch zunächst gemeinsam in zwei andere Länder schauen, die ich seit einem Vierteljahrhundert kenne – die USA und Kanada. Lass uns schauen, wie in diesen Ländern die Definition von Service gelebt wird. Vielleicht warst du schon einmal in den USA und/oder Kanada und hast dort in Restaurants, insbesondere in den sogenannten Family Restaurants, deine Erfahrungen mit den Servicekräften gemacht.

Ich erlebe dort häufig Folgendes

Meine Familie und ich betreten das Restaurant. Fast überall lautet es: »Please wait to be seated.« Eine Servicekraft begrüßt uns und leitet uns dann an eine andere Servicekraft weiter. Von dieser werden wir mit der Menükarte zum Tisch gebracht. Diese Servicekraft avisiert, dass heute Abend Christin (zum Beispiel) für uns zuständig sei. Wenige Minuten später kommt Christin, schreibt ihren Namen überkopf auf das Papiertischtuch, damit wir es auf unseren Plätzen lesen können. Dabei sagt sie mit einem strahlenden Lächeln: »Hi, so nice to see you! My name is Christin and I will take care of you tonight! Can I get you something to drink or do you need a few more minutes?« Für Kinder liegen bereits Malstifte auf dem Tisch und ein kleines Set, das Rätsel, Ausmalbildchen oder Ähnliches anbietet. Ich persönlich fühle mich dann ad hoc herzlich willkommen und wohl. Während der Bestellung erfragt Christin extrem zugewandt, ob wir vielleicht Extrawünsche hat, die sie uns erfüllen kann. Nachdem sie dann das Essen gebracht haben, kommt sie nach ein paar Minuten erneut zu uns an den Tisch und erkundigt sich: »Everything fine? Can I do something for you?« Stellen wir während des Essens fest, dass wir doch noch gern Ketchup oder Ähnliches hätten, können wir auch jede andere Servicekraft danach fragen. Ein »Der Kollege kommt gleich!« oder »Das ist nicht mein Tisch! Ich sage dem Kollegen Bescheid!« gibt es dort nicht. Beim Verlassen des Restaurants erkundigt sich die Servicekraft vorne am Tresen, ob alles zu unserer Zufriedenheit war, und verabschiedet uns mit einem »Thank you. Was great to see you. Hope to see you again«. Ich finde diesen Service beispielhaft. Und ich glaube, wir können alle davon lernen.

Meine Erkenntnisse fürs Leben

- Ich nenne meinen Namen. Das ist unter anderem auch mein Bekenntnis, dass ich die Verantwortung übernehme, dass der Gast zufrieden sein wird.
- Ich denke, kommuniziere und agiere komplett im Sinne des Gastes. Er ist für mich in dieser Zeit die Hauptperson.
- Ich frage proaktiv nach, ob der Gast zufrieden ist.
- Ich gehe die Extrameile, damit der Gast komplett zufrieden ist.
- Ich kümmere mich – wenn nötig – auch um andere Gäste als die, die mir zugeteilt wurden.
- Ich fühle mich für das Restaurant als Ganzes verantwortlich. Das heißt, ich übernehme nicht nur die Verantwortung für die mir zugewiesenen Gäste, sondern bin bemüht, dass alles im Restaurant passt.
- Meine Aufgaben beginnen, wenn der Gast das Restaurant betritt, und enden, wenn er es zufrieden verlässt.

Diese Freude am »Service am Menschen« spüre ich im Übrigen in Amerika und Kanada in ähnlicher Form auch im Supermarkt und in der Shoppingmall.

Ich ahne, dass du nun eventuell denkst, dass die Mitarbeiter dort nur so freundlich seien, weil sie auf ein gutes Trinkgeld der Gäste angewiesen sind. Es mag sein, dass das ein Grund ist. Nichtsdestotrotz meine ich bei jedem meiner Aufenthalte dort aufs Neue zu spüren, dass Service dort anders, nämlich positiv gelebt wird. Ich bewundere das und versuche immer, mir dort für mich und meine Aufgaben etwas abzugucken.

Wie findest du den Gedanken?

EPILOG – LERNE, WER DU BIST UND WER DU SEIN MÖCHTEST

Die Basis für dein gutes Leben ist deine persönliche und individuelle Selbstreflexion. Reflektiere dich darum regelmäßig und in den für dich passenden Abständen. Schaue dir in solchen Momenten dein Denken, Fühlen, Reden und Handeln an. Sei kritisch mit dir, doch zerfleische dich bitte nicht. Jede Situation, jede Begebenheit, jede Begegnung bringt dich in deiner persönlichen Entwicklung weiter. Wirklich jede Erfahrung, auch die, die du als weniger schön, als unangenehm, als richtig doof oder als etwas anderes erinnerst. Glaube daran: Aus jeder einzelnen Situation, Begebenheit, Begegnung lernst du immer auch etwas über dich:

- Was du nicht möchtest.
- Was du möchtest.
- Was du gut kannst.
- Was du noch lernen darfst.
- Was du gern noch einmal oder immer wieder erleben möchtest.
- Was du nie wieder erleben möchtest.

Jede dieser Lerngelegenheiten ließ dich bis einschließlich des heutigen Tages zu dem Menschen werden und reifen, der du heute bist. Jede weitere Erfahrung wird dich zu dem Menschen reifen lassen, der du gerne sein möchtest. Da keiner von uns zu seiner Geburt ein So-geht-dieses-dein-Leben-Buch mitgeliefert bekommt, ist es gewissermaßen immer auch ein »Trial and Error« im Leben – Versuch und Irrtum. Ich bin der Auffassung, dass somit alles, wirklich alles im Leben seinen Sinn hat. Unter anderem auch jede deiner Entscheidungen, die du getroffen hast und noch treffen wirst. Jede einzelne Entscheidung, die du in deiner Vergangenheit getroffen hast, war zu dem damaligen Zeitpunkt richtig. Denn du wusstest es damals (noch) nicht besser. Besonders wichtig ist jedoch der folgende Aspekt: Wir sollten uns bemühen, die gleichen Fehler nicht wieder und wieder zu machen. Wir sollten uns bemühen, aus unseren Erlebnissen, aus unseren Fehlern zu lernen, damit wir jedes Mal wieder ein bisschen über uns selbst lernen:

- Wer du bist.
- Wer du sein möchtest.
- Welche Bedürfnisse du hast.
- Was dich verletzt.

Einige weitere grundsätzliche Erkenntnisse möchte ich dir zudem von Herzen mitgeben:

- Jeder gegen jeden? Befreie dich davon. Sei Unterstützer! Umgib dich mit Unterstützern.
- Habe einen Standpunkt. Halte ihn jedoch beweglich. (Eigentlich müsste es dann statt Standpunkt Bewegungsraum heißen. Zwinker.)
- Kommuniziere deinen Standpunkt. Dann halte die Stille aus. Zerrede deinen Standpunkt nicht. Rechtfertige dich nicht mehr als nötig.
- Habe Träume. Habe Visionen. Habe Ziele.
- Entwickle deinen persönlichen Verwirklichungsplan, deinen persönlichen Zielerreichungsplan. Wer sein Ziel kennt, lässt sich auf dem Weg nicht so leicht ausbremsen.
- Führe dein persönliches Erfolgstagebuch. Erinnere dich damit an das, was du bisher erreicht hast. Knüpfe immer wieder daran an.
- Sei dir an schlechten Tagen ganz gewiss: Es geht vorbei. Alles geht vorbei. Morgen ist ein neuer Tag. Dein neuer Tag!

EMPFEHLENSWERTE LITERATUR

In meinen Bücherregalen stehen unzählige Bücher. Im Laufe der Jahre und mit meinen verschiedenen Berufen, mit meinen verschiedenen Lebensphasen und Interessen kamen stets neue Bücher, Kartensets, Tools hinzu. In Zeiten von Internet, KI und ChatGPT habe ich wahrlich nicht den Anspruch, dir relevante Hinweise auf »neue« Literatur oder Ähnliches geben zu können. Was ich dir jedoch geben mag, sind zwei Hände voll Empfehlungen, die ich aus meinen vielen Büchern, Kartensets, Coaching-Tools herausgegriffen habe. Gerade diese, weil ich denke, dass sie zeitlos aktuell sind und nach wie vor etwas besonders Bereicherndes beinhalten. Spaziere durch diese Empfehlungen und schau, ob du einigen nachkommen möchtest.

MITCH ALBOM (2017): DIENSTAGS BEI MORRIE. GOLDMANN VERLAG
»Selten gibt es Bücher, die in so bestechender Klarheit und ungekünstelter Schlichtheit wiedergeben, worum es wirklich im Leben geht. Hier spricht der kleine Prinz, nachdem er erwachsen geworden ist.« (Klappentext)

SABINE ASGODOM (2005): EIGENLOB STIMMT. 3. AUFLAGE, ECON VERLAG
»Dieses Buch will Menschen, die wirklich etwas können, helfen, sich gut nach außen dazustellen, auf sich aufmerksam zu machen, sich ins rechte Licht zu rücken. Denn wie heißt es im Amerikanischen: ›They won't like you if they don't like your show.‹« (Seite 7)

SABINE ASGODOM (2010): DAS LEBEN IST ZU KURZ FÜR KNÄCKEBROT. KÖSEL VERLAG
»Das Leben ist zu kurz für Selbstbestrafung, Selbstverachtung und ein Leben im Mangel.« (Seite 15)

BARBARA BIERACH, HEINER THORBORG (2006): OBEN OHNE. WARUM ES KEINE FRAUEN IN UNSEREN CHEFETAGEN GIBT. ECON VERLAG
»Kind oder Karriere? Das ist eine Glaubensfrage für viele deutsche Frauen. Dabei fiele es weder Männern noch Frauen in England, Schweden oder Frankreich im Traum ein, sich für das eine oder das andere zu entscheiden.« (Klappentext)

PETRA BOCK (2011): MIND FUCK. WARUM WIR UNS SELBST SABOTIEREN UND WAS WIR DAGEGEN TUN KÖNNEN. KNAUR VERLAG

»Fazit: ›Mindfuck‹ liefert eine gute Diagnose der Selbst-Sabotagetechniken. Damit hilft das Buch, neue Denk- und Handlungsfelder zu erobern.« (Wolfgang Hanfstein)

SABINE BODE (2022): SORGEN SIND WIE NUDELN, MAN MACHT SICH IMMER ZU VIELE. 2. AUFLAGE, GOLDMANN VERLAG

»Ich kann mir bei jedem Ereignis in nur drei Sekunden das schlimmstmögliche anschließende Katastrophenszenario ausdenken. Und was ist deine Superkraft?« (Klappentext)

DALE CARNEGIE (1998): SORGE DICH NICHT - LEBE. DIE KUNST, ZU EINEM VON ÄNGSTEN UND AUFREGUNGEN BEFREITEN LEBEN ZU FINDEN. 83. AUFLAGE, SCHERZ VERLAG

»Es ist ein fesselndes, leicht zu lesendes und in hohem Grade anregendes Handbuch zur Bewältigung unserer vielen Sorgen.« (Klappentext)

DENNIS GREENBERGER, CHRISTINE A. PADESKY (2007): GEDANKEN VERÄNDERN GEFÜHLE. JUNFERMANN VERLAG

»Nur selten wird ein Buch veröffentlicht, das unser Leben zu verändern vermag. ›Gedanken verändern Gefühle‹ ist ein solches Buch, (Aaron T. Beck. Vorwort).

ANSELM GRÜN (2019): DIE HOHE KUNST DES ÄLTERWERDENS. 3. AUFLAGE, DTV

»Einfühlsam schildert Anselm Grün die Herausforderungen des Älterwerdens – Annehmen, Loslassen, Aussöhnen – und zeigt die darin liegenden Chancen auf.« (Klappentext)

AXEL HACKE (2018): ÜBER DEN ANSTAND IN SCHWIERIGEN ZEITEN UND DIE FRAGE, WIE WIR MITEINANDER UMGEHEN. 4. AUFLAGE, GOLDMANN VERLAG

»Wir haben uns schon an zu vieles gewöhnt, an einen rauen, unverschämten Umgangston, Shitstorms, Beleidigungen, Lügen, an eine Maßlosigkeit im Urteil über andere. Die grundlegenden Regeln menschlichen Anstands stehen in Frage: Aber was ist das eigentlich genau: Anstand?« (Klappentext)

HANS-GEORG HÄUSEL (2005): BRAIN SCRIPT. WARUM KUNDEN KAUFEN. HAUFE VERLAG
»Was treibt eigentlich den Kunden und Konsumenten an? Warum kauft er? Wie entscheidet er? Was kann man tun, damit er mehr kauft?« (Vorwort)

VOLKER KITZ, MANUEL TUSCH (2014): WARUM UNS DAS DENKEN NICHT IN DEN KOPF WILL. HEYNE VERLAG
»Durchschauen Sie sich selbst, bevor es andere tun! Was denken wir eigentlich, wenn wir denken – und wer denkt für uns, wenn wir nicht denken?« (Klappentext)

JANUSZ KORCZAK (1973): WENN ICH WIEDER KLEIN BIN UND ANDERE GESCHICHTEN VON KINDERN. VANDENHOECK & RUPRECHT
»An den erwachsenen Leser. Ihr sagt: ›Der Umgang mit Kindern ermüdet uns.‹ Ihr habt recht. Ihr sagt: ›Denn wir müssen zu ihrer Begriffswelt hinuntersteigen. Hinuntersteigen, uns herabneigen, beugen, kleiner machen.‹ Ihr irrt euch«. (Seite 7)

JESPER JUUL (2013): DIE KOMPETENTE FAMILIE. NEUE WEGE IN DER ERZIEHUNG. BELTZ
»Wie verwandeln wir liebevolle Gefühle in liebevolles Verhalten? Denn dass wir einander lieben, bedeutet nicht automatisch, dass wir gut miteinander auskommen.« (Klappentext)

CLAUDIA LANFRANCONI (2022): FRAUEN, DIE IHRE TRÄUME LEBEN. FASZINIERENDE UND INSPIRIERENDE LEBENSGESCHICHTEN. 5. AUFLAGE, ELISABETH SANDMANN.
»›Frauen, die ihre Träume leben‹ erzählt von unerschrockenen und couragierten Frauen, die hoch hinaus wollten und sich bei ihren Bemühungen, den großen Sprung zu wagen, von nichts und niemandem den Weg versperren ließen.« (Klappentext)

URSULA NUBER (1999): 10 GEBOTE FÜR STARKE FRAUEN. FISCHER TASCHENBUCH VERLAG
»Ursula Nubers 10 Gebote bringen Ihr Selbstwertgefühl auf Trab: Sie bewahren vor falscher Bescheidenheit, vor zu großer Harmoniesucht und vor allem vor dem Nettigkeitssyndrom – garantiert!« (Klappentext)

ULRIKE PARTHEN, STEPHANIE ROBBEN-BEYER (2022): SZENENWECHSEL, AMELIE. DAS ERSTE FRAUENBUCH AUCH FÜR MÄNNER. BOD
»Als Mutter ist man einfach die geborene Leaderin. Denn ob Amelie nun einen Teenie bändigt oder die Männer im Büro: In beiden Fällen sind so ziemlich dieselben Kompetenzen gefragt.« (Klappentext)

ANKE PRECHT (2020): WIE STRICK ICH MIR EIN DICKES FELL. DAS WORKBOOK FÜR FRAUEN. TRIAS
»Anke Precht gibt Ihnen eine humorvolle und unterhaltsame Anleitung an die Hand, wie Sie sich ein dickes Fell stricken können. Ihr Ansatz basiert auf verschiedenen Coaching-Methoden, die Ihnen zu mehr Resilienz verhelfen.« (Klappentext)

PETRA PREIS, SYLVIA ROTHBLUM (2002): MÜTTER SIND DIE BESSEREN MANAGER. WELCHE KOMPETENZEN FRAUEN HABEN UND WIE SIE DAMIT KARRIERE MACHEN. MOSAIK VERLAG
»Diese Frauen haben aufgrund ihrer Erfahrung mit den Kindern die heute so gesuchten Schlüsselqualifikationen wie Kommunikation, Organisationstalent, Flexibilität und gutes Zeitmanagement optimiert.« (Klappentext)

STEPHANIE ROBBEN-BEYER (2016): FAMILY BUSINESS. DAS PRAXIS BOOKLET FÜR WERTVOLLES FÜHREN UND ERZIEHEN. BOD
»Erfolgreiche Prinzipien aus dem Familienalltag bereichern die Führungskultur im Unternehmen. [...] FAMILY BUSINESS vergleicht erstmals die erfolgreichsten Führungs- und Erziehungsprinzipien miteinander und gibt Anregungen, wie Sie als Führungskraft und Familienmensch, als Elternteil und Unternehmer, Ihre emotionalen und sozialen Kompetenzen aus beiden Bereichen gewinnbringend miteinander verknüpfen können.« (Klappentext)

MARSHALL B. ROSENBERG (2004): GEWALTFREIE KOMMUNIKATION. EINE SPRACHE DES LEBENS. JUNFERMANN VERLAG

»In diesem Buch lernen Sie, wie man Gedankenmuster auflöst, die zu Ärger, Depression und Gewalt führen; potenzielle Konflikte in friedliche Gespräche umwandelt; offen seine Meinung sagt, ohne Abwehr oder Feindseligkeit zu erwecken; mehr Tiefe und Achtsamkeit in Beziehungen entwickelt; über Empathie motiviert statt über Angst, Schuldgefühle oder Scham.« (Klappentext)

SCHOLZ & FRIENDS (HRSG.) (2005): LORE'S LAW. REDLINE WIRTSCHAFT

»Das Gesetzbuch des gesunden Menschenverstandes. Die zehn Grundsätze der Dresdner Hausfrau Lore Schumann, mit denen ein Unternehmen, eine Revolution und eine gute Suppe gelingen.« (Titelseite)

Und dann noch die Lanze für Udo Jürgens. Höre einmal hinein und achte auf die Texte!

UDO JÜRGENS (2022): DA CAPO. STATIONEN EINER WELTKARRIERE. SONY MUSIC ENTERTAINMENT GERMANY GMBH

»Udo Jürgens war Zeit seines Lebens ein Reisender. Unterwegs, neugierig, mit einem Bein schon im Morgen stehend. [...] Die Zusammenstellung dieses Albums zeigt auch, wie modern, politisch und seiner Zeit weit voraus Udo Jürgens seine Kompositionen verstand.«

Radikales Selbstvertrauen

Yana Fehse
Radikales Selbstvertrauen
Die geheime Stärke erfolgreicher Menschen
1. Auflage 2023

220 Seiten; Broschur; 24,95 Euro
ISBN 978-3-86980-669-3; Art.-Nr.: 1155

Weder Wissen noch außerordentliche Fähigkeiten reichen aus, um erfolgreich zu sein. Dafür bedarf es noch einer besonderen Zutat: Selbstvertrauen – und zwar möglichst viel davon!

Leider mangelt es vielen von uns an einem gesunden Selbstvertrauen. Der Grund sind Selbstzweifel. Sie machen uns kleiner, als wir sind, sie lassen uns permanent unter unseren Möglichkeiten bleiben und hemmen unsere Weiterentwicklung.

Niemand kommt mit einem starken oder schwachen Selbstvertrauen auf die Welt. Vielmehr ist es das Resultat von Lernerfahrungen und Vorbildverhalten. Doch jeder von uns kann umlernen! Unser Gehirn ist in der Lage, neue neuronale Netzwerke zu bilden. Es ist wissenschaftlich bewiesen, dass sich sogar unsere Gehirnstrukturen verändern, wenn wir mehr an uns glauben und unser Selbstvertrauen stärken.

Yana Fehses Buch hilft dir, zu verstehen, dass wirklich jeder in der Lage ist, ein unerschütterliches Selbstvertrauen aufzubauen und seine Selbstzweifel in den Griff zu bekommen. Durch die Entlarvung von Selbstsabotage-Mustern und mit praxiserprobten Schritten kann dieses Ziel von jedem erreicht werden.

www.BusinessVillage.de

Bei allem Respekt!

Iris Zeppezauer
Bei allem Respekt!
Wie Sie durch Klarheit ganz natürlich
Ansehen gewinnen
1. Auflage 2023

224 Seiten; Broschur; 24,95 Euro
ISBN 978-3-86980-675-4; Art.-Nr.: 1161

Ob im Beruf, am Stammtisch oder in der Politik: Respektlosigkeit ist salonfähig geworden. Um jeden Preis wird versucht, Geltung und Einfluss zu erlangen. Die Mittel dazu sind mannigfaltig und reichen von guten Ratschlägen und Besserwisserei über gezielte Falschinformationen bis hin zu Drohung, Sexismus und Herabwürdigung. Müssen wir uns wirklich solcher Methoden bedienen, um Ansehen zu gewinnen? Haben Höflichkeit, Anstand und gute Manieren ausgedient?

Auf den ersten Blick wirkt es so: Wer zu freundlich ist, zieht den Kürzeren. Doch die Brechstange ist nicht die Lösung. Wer sich mit Gewalt Respekt verschafft, macht sich viele Feinde und muss ständig am Erhalt seiner Dominanz arbeiten. Wer hingegen klare Werte vertritt, authentisch auftritt und wertschätzend handelt, genießt natürliches Ansehen – sowohl beruflich als auch privat.

In ihrem neuen Buch führt die Erfolgsautorin von contra! ihre Leserschaft zur Quelle des Ansehens und Erfolges. Sie zeigt, wie wir durch Klarheit im Umgang mit uns selbst und anderen Charisma aufbauen. Plötzlich werden wir ganz ohne Mühe respektiert, weil sich Sein und Tun decken. Wir zollen anderen Respekt, finden klare Worte für Missstände und wachsen dadurch selbst. Neue Wege eröffnen sich. Auch dort, wo Beziehungen bisher steinig und dürr waren, geht die Saat einer klaren, respektvollen Kommunikation auf.

www.BusinessVillage.de

Endlich unperfekt

Eileen Jacobs
Endlich unperfekt
Vom Perfektionismus zur Leichtigkeit
1. Auflage 2024

234 Seiten; Broschur; 19,95 Euro
ISBN 978-3-86980-747-8; Art.-Nr.: 1188

Perfektionismus ist der schmale Grat zwischen genialer Brillanz und maximaler Überbelastung, zwischen authentischer Selbstverwirklichung und toxischer Daueroptimierung.

Doch woher kommt der Hang zum Perfektionismus? Warum sind so viele Frauen betroffen? Und wie befreit man sich aus der Perfektionismusfalle?

Eileen Jacobs gibt Antworten auf diese Fragen. Anhand bewegender Interviews und ihrer eigenen Geschichte illustriert sie, wie Gesellschaft, soziales Umfeld und Medien Frauen in den Perfektionismus treiben. Gekonnt lotet sie die Abgründe der Perfektionismusspirale aus und illustriert Wege, sich von übertriebenem Perfektionismus zu distanzieren, um das Leben mit gesunder Leichtigkeit zu verwirklichen.

Und dazu braucht es gar nicht viel. Die ersten Schritte sind ganz einfach: Sei stark, sei mutig, sei authentisch.

www.BusinessVillage.de

Positiv führt!

Elke Katharina Meyer, Frank Nesemann, Thomas Achim Werner
Positiv führt!
Mit Positive Leadership Teams und Organisationen empowern
1. Auflage 2024

294 Seiten; Broschur; 34,95 Euro
ISBN 978-3-86980-753-9; Art.-Nr.: 1192

Gute Führung spürt man kaum – schlechte umso mehr.

Wem sind Formulierungen wie »einnorden« oder »in die Spur stellen« nicht geläufig? Sie sind Synonyme für eine anachronistische Autorität und fehlende positive Visionen.

Genau hier setzt Positive Leadership an und lenkt die Aufmerksamkeit auf die positive Abweichung, also auf das Gelingende und positiv Herausragende. Der Ansatz kommt aus der Positiven Psychologie und verspricht nicht weniger als eine (R)Evolution von Führung: Er befähigt Führungskräfte, ihre Teams und Organisationen durch authentisches, empathisches und inspirierendes Handeln zu stärken.

Dieses Buch zeigt offen und klar, welches Führungsverhalten heute zeitgemäß ist und wie wir Führung ganz konkret besser machen können.

Es versteht sich als eine Anleitung, um eine zukunftsfähige, resiliente und positive Führungs- und Unternehmenskultur zu gestalten.

www.BusinessVillage.de

GOOD NEW WORK

Sarah Irina Dörler
GOOD NEW WORK
In fünf Minuten zu einer neuen Arbeitskultur
1. Auflage 2024

168 Seiten; Broschur; 29,95 Euro
ISBN 978-3-86980-762-1; Art.-Nr.: 1196

Arbeitsfrust, Grabenkämpfe, toxische Atmosphäre und Meeting-Marathons rauben uns Kraft und Nerven. Warum machen wir nicht Schluss damit und schaffen eine Arbeitskultur, die Menschen aufblühen lässt, begeistert, bewegt und beseelt?

Sarah Irina Dörler illustriert, wie wir mit gewinnbringenden kleinen Tools der Arbeit mehr Leichtigkeit verleihen, eine kraftvolle Haltung entwickeln und einen gesunden Arbeitsalltag, geprägt von Freude und Energie, kreieren. Und dieses NEW WORK gelingt in nahezu jedem Business, auf jeder Stufe der Hierarchie. Denn ein nachhaltiger Work Spirit ist schon mit kleinen Veränderungen im Arbeitsalltag möglich.

Anschaulich zeigt Sarah, wie wir Zuversicht schaffen, Mut machen, Ärmel hochkrempeln, vorangehen für den Work Spirit einer neuen Generation.

Das wohl wichtigste Buch für NEW-WORK-Fans und alle, die es werden wollen.

www.BusinessVillage.de